A ARTE DA GUERRA E DA LIDERANÇA

Conheça os títulos da Coleção Biblioteca Diamante:

A arte da guerra e da liderança – Napoleão Bonaparte
A decadência da mentira e outros ensaios – Oscar Wilde
A mão invisível do mercado – Adam Smith
As dez melhores histórias do Decamerão – Giovanni Boccaccio
D. Benedita, Clara dos Anjos e outras mulheres – Machado de Assis e Lima Barreto
Um pecador se confessa – Santo Agostinho

NAPOLEÃO BONAPARTE

A ARTE DA GUERRA E DA LIDERANÇA

ORGANIZAÇÃO E NOTAS
GENERAL BURNOD

TRADUÇÃO E APRESENTAÇÃO
JORGE BASTOS CRUZ

COLEÇÃO
BIBLIOTECA DIAMANTE

EDITORA
NOVA
FRONTEIRA

Título original: *Maximes de guerre*

Direitos de edição da obra em língua portuguesa no Brasil adquiridos pela
EDITORA NOVA FRONTEIRA PARTICIPAÇÕES S.A. Todos os direitos reservados.
Nenhuma parte desta obra pode ser apropriada e estocada em sistema de banco
de dados ou processo similar, em qualquer forma ou meio, seja eletrônico, de
fotocópia, gravação etc., sem a permissão do detentor do copirraite.

EDITORA NOVA FRONTEIRA PARTICIPAÇÕES S.A.
Rua Candelária, 60 — 7º andar — Centro — 20091-020
Rio de Janeiro — RJ — Brasil
Tel.: (21) 3882-8200

Dados Internacionais de Catalogação na Publicação (CIP)
(Câmara Brasileira do Livro, SP, Brasil)

Napoleão I, Imperador dos franceses, 1769-1821
 A arte da guerra e da liderança / Napoleão Bonaparte ;
tradução e apresentação Jorge Bastos Cruz ; organização e notas
General Burnod. -- 1. ed. -- Rio de Janeiro : Nova Fronteira, 2021.
-- (Coleção Biblioteca Diamante)
136p.

Título original: Maximes de guerre

 ISBN 978-65-5640-277-2

 1. Arte e ciência militar 2. Liderança 3. Napoleão I, Imperador
dos franceses, 1769-1821 I. Burnod, General. II. Título. III. Série.

21-67113   CDD-355.02

Índices para catálogo sistemático:
1. Arte da Guerra : Ciência militar 355.02
Cibele Maria Dias - Bibliotecária - CRB-8/9427

SUMÁRIO

APRESENTAÇÃO · JORGE BASTOS CRUZ   7

A ARTE DA GUERRA E DA LIDERANÇA · NAPOLEÃO BONAPARTE   11

INTRODUÇÃO ÀS NOTAS · GENERAL BURNOD   46

NOTAS   48

SOBRE O AUTOR   135

APRESENTAÇÃO
JORGE BASTOS CRUZ

Napoleão Bonaparte morreu aos 51 anos, no dia 5 de maio de 1821, em exílio na ilha de Santa Helena, sob a tutela da Inglaterra. Sua morte, por câncer no estômago, até hoje é controversa, havendo suspeitas de envenenamento. Alguns amigos próximos o acompanharam nesse último período, entre os quais o conde de Las Cases, que desde 1815 redigia *O memorial de Santa Helena*, a partir de conversas cotidianas com o imperador. Esse amplo trabalho biográfico teve início dois dias depois da derrota de Waterloo, abordando não apenas a épica trajetória, desde a Córsega, mas sobretudo as ideias políticas, militares e sociais de Bonaparte. Para o livro, Las Cases revê as sucessivas campanhas napoleônicas, com suas linhas estratégicas e táticas, como também o dia a dia naquela ilha de 122 km^2, perdida em pleno oceano Atlântico (a 1.850 km do litoral africano e a 3.300 km da cidade de Recife).

O memorial de Santa Helena foi lançado na França no ano seguinte à morte do imperador, em cinco volumes, tornando-se de imediato um grande sucesso comercial. Já *A arte da guerra e da liderança*[1] foi originalmente publicado por um editor parisiense especializado em livros militares, em 1827, com trechos específicos tirados do *Memorial*. O responsável pela seleção das 78 máximas que formam a coletânea foi um certo general Burnod, do qual pouco se conhece. A esse trabalho de edição, ele acrescentou notas para contextualizar Bonaparte na "arte da guerra", comparando suas campanhas às de grandes generais da Idade Moderna.

A compilação e suas notas foram traduzidas para o inglês e publicadas já em 1831, com o título *Manual dos oficiais*, pelo então coronel George Charles D'Aguilar, obtendo grande repercussão no mundo anglo-saxônico, sendo sempre citada por eminentes comandantes da Guerra de Secessão norte-americana. Na França, somente na década de 1840 o livro começou a ser publicado por editoras "civis", que também passaram a fazer menção ao organizador, o general Burnod, graças à crescente conscientização da importância dos direitos autorais, por iniciativa de escritores como Balzac, Victor Hugo, Alexandre Dumas e George Sand.

As duas últimas máximas da coletânea deixam claro que, para Bonaparte, a ciência militar pode perfeitamente ser aprendida nas escolas preparatórias, mas "só se adquire o conhecimento da grande tática pela experiência

---

1. *Maximes de guerre*, no original.

e pelo estudo das campanhas dos grandes capitães". Ele explicitamente cita Gustavo Adolfo, Turenne e Frederico, que de forma unânime seguiram os mesmos princípios de Alexandre, Aníbal e César. São esses princípios que *A arte da guerra e da liderança* procura realçar. Em suas notas, o general Burnod mostra como as diretrizes do imperador seguem de perto certas iniciativas daqueles "grandes capitães": o rei da Suécia, Gustavo Adolfo II (1594-1632), considerado o grande renovador da arte militar desde a Antiguidade; o visconde de Turenne (1611-1675), de quem Napoleão diz não discordar em nenhuma das suas ações guerreiras; e o rei da Prússia, Frederico II (1712-1786), protótipo do "déspota esclarecido", fundador, pode-se dizer, da moderna Alemanha. Para suas pesquisas explicativas, Burnod frequentemente se remete ao generalíssimo Montecuccoli (1609-1680), do Santo Império Romano Germânico, por seu livro *Memórias da guerra* (1703).

Ainda hoje, dado o seu caráter atemporal, as máximas de *A arte da guerra e da liderança* de Napoleão Bonaparte se impõem como referência no tocante à estratégia e ao comando militares, mas há muito elas escaparam desse universo restrito para se tornarem aplicáveis em diversos setores da vida civil, sobretudo naqueles que intensamente valorizam o espírito de liderança e a iniciativa individual.

A ARTE DA GUERRA E DA LIDERANÇA
NAPOLEÃO BONAPARTE

I

As fronteiras dos Estados são sempre grandes rios, cadeias de montanhas ou desertos. De todos esses obstáculos que dificultam o avanço de um exército, o mais difícil de se atravessar é o deserto. Depois vêm as montanhas, com os rios, mesmo os mais largos, vindo apenas em terceiro lugar.

II

Um plano de ataque deve prever tudo que o inimigo pode fazer e ainda apresentar os meios de superá-lo. Os planos de ataque se modificam infinitamente, de acordo com as circunstâncias, a competência do chefe, a natureza das tropas e a topografia do terreno.

III

Um exército que avança para a conquista de um país tem suas duas alas apoiadas em países neutros ou em grandes obstáculos, como rios ou cadeias de montanha. Pode acontecer de apenas uma das alas ter esse tipo de apoio ou de até estarem ambas descobertas. No primeiro caso, o comandante-chefe tem apenas que cuidar para não ser rompido pela frente; no segundo, ele deve se amparar na ala protegida; no terceiro caso, ele precisa manter seus diversos corpos bem apoiados no centro e nunca perder essa conexão, pois, se já é difícil ter os dois flancos expostos, ter quatro duplica o problema e ter seis triplica; ou seja, ele será obrigado a dividir sua força em dois ou três corpos distintos. A linha de operação, no primeiro caso, pode se apoiar tanto na esquerda quanto na direita; no segundo caso, apenas na ala amparada; no terceiro caso, deve ser perpendicular ao meio da linha de marcha do exército. Em todos os casos mencionados, porém, a cada cinco ou seis dias de avanço é preciso haver uma praça-forte ou posição recuada com relação à linha de operação, para ali reunir as provisões de boca e de guerra, organizar os comboios e tornar o local centro de movimentação, ponto de referência que encurte a linha de operação do exército.

IV

Quando se avança para a conquista de um país com dois ou três exércitos, tendo cada um a sua própria linha de operação e devendo chegar a um ponto fixo em que se reunirão, é importante que essa reunião nunca se dê nas proximidades do inimigo, pois não só ele pode, concentrando suas forças, impedir a junção, como também será mais fácil derrotá-los, um de cada vez.

V

Toda guerra deve ser metódica, já que toda guerra deve ter uma finalidade e então ser conduzida dentro dos princípios e das regras da arte. A guerra deve ser calculada com forças proporcionais aos obstáculos previstos.

VI

No início de uma campanha, é aconselhável pensar bem antes de avançar ou não; mas, uma vez começada a ofensiva, ela deve ser sustentada até o fim. Por mais hábeis que sejam as manobras numa retirada, o ânimo da tropa vai sempre estar abalado, pois, perdidas as chances de sucesso, elas evidentemente passam para o inimigo. As retiradas, aliás, custam muito mais homens e material do que as ações mais sangrentas e com ainda uma grande diferença: numa batalha, o inimigo perde mais ou menos tanto quanto nós, enquanto, numa retirada, perdemos, e ele não.

VII

Um exército deve estar sempre — todo dia, toda noite e toda hora — pronto para opor toda resistência de que for capaz. Isso exige que os soldados tenham constantemente à mão suas armas e munições; que a infantaria tenha constantemente com ela sua artilharia, sua cavalaria e seus generais; que as diversas divisões possam constantemente dar apoio e proteger umas às outras; e que, nos acampamentos, nas marchas e nos estacionamentos, as tropas estejam sempre em posições vantajosas, com os atributos que requer todo campo de batalha: os flancos protegidos e todas as armas fixas de tiro posicionadas da forma mais proveitosa. Quando o exército avança em coluna de marcha, é preciso que tenha batedores à frente e nos flancos direito e esquerdo, em distância suficiente para que o corpo principal tenha tempo de formar e tomar posição.

VIII

Um comandante-chefe deve perguntar a si mesmo, várias vezes por dia: se o exército inimigo surgisse à minha frente, à minha direita ou à minha esquerda, o que eu faria? Se a resposta não for clara é porque ele está mal posicionado, não está dentro do que deveria e será preciso remediar.

IX

Avalia-se a força de um exército como a quantidade de movimento na mecânica: multiplicando a massa pela velocidade. Uma marcha rápida faz crescer o ânimo de uma tropa, aumentando também os seus meios de vitória.

X

Com um exército inferior em número, em cavalaria e em artilharia, deve-se evitar uma batalha geral, compensando a inferioridade numérica pela rapidez dos deslocamentos, a falta de artilharia pela natureza das manobras e a insuficiente cavalaria pela escolha das posições. Em situações assim, o ânimo do soldado tem grande importância.

XI

Operar a partir de direções afastadas entre si e sem comunicações é um erro que, em geral, leva a outro. A coluna em deslocamento segue ordens apenas para o primeiro dia; suas operações do segundo dia dependem do ocorrido com a coluna principal e, assim sendo, aquela que se desloca perderá tempo esperando ordens ou agirá ao acaso. É preciso então manter o princípio de que um exército deve sempre conservar todas suas colunas reunidas de maneira a que o inimigo não possa se introduzir entre elas. Quando, por algum motivo, deixa-se de lado essa máxima, é preciso que os corpos enviados em expedição sejam independentes em suas operações e se dirijam a um ponto fixo, em que todos se reunirão. Eles devem marchar sem hesitações e sem novas ordens. Resumindo, é preciso que esses corpos estejam o menos possível expostos a um ataque isolado.

XII

Um exército deve ter uma única linha de operação, conservada com todo cuidado e sendo abandonada somente por circunstâncias maiores.

XIII

Nos deslocamentos, as distâncias que os corpos do exército devem manter entre si dependem das regiões, das circunstâncias e do objetivo proposto.

XIV

Nas montanhas, há sempre uma quantidade de posições extremamente fortes por si mesmas, e devemos evitar atacá-las. O melhor nesse tipo de guerra é ocupar áreas nos flancos ou na retaguarda do inimigo, deixando-lhe apenas a alternativa de abandonar a posição sem combate, assumindo outra, mais atrás, ou de tomar a iniciativa do ataque. Em guerra nas montanhas, quem ataca está em desvantagem. Mesmo na guerra ofensiva, a arte consiste em travar apenas combates defensivos e obrigar o inimigo a atacar.

XV

A glória e a honra das armas é o primeiro dever que um general deve considerar, ao travar uma batalha. A salvação e a preservação dos soldados vêm depois. Entretanto, é também na audácia e na persistência que estão a salvação e a preservação dos soldados. Numa retirada, além da honra militar, muito frequentemente perdem-se mais homens do que em duas batalhas. Por isso nunca se deve deixar de acreditar, enquanto houver homens bravos em sua tropa. Com atitudes assim é que se obtém a vitória — e de forma merecida.

XVI

Na guerra, uma máxima bem comprovada é a de não seguir o que pretende o inimigo, apenas por ser o que ele quer. Assim sendo, não se deve aceitar o campo de batalha que ele reconheceu e estudou. Da mesma maneira, e com maior cuidado ainda, o terreno que ele fortificou e onde se entrincheirou. Uma consequência desse principio é que nunca se ataca de frente uma posição que se pode conquistar contornando.

XVII

Numa guerra de marchas e manobras, para evitar uma batalha contra um exército superior, é preciso se entrincheirar todo final de dia, mantendo sempre boa defesa. As posições naturais que normalmente podem ser encontradas não colocam um exército ao abrigo de outro, mais forte, sem que se recorra à arte.

XVIII

Surpreendido por um exército superior, um general qualquer, estando numa má posição, vai procurar bater em retirada para se salvar, mas um grande capitão terá a audácia de ir contra o inimigo. Com isso, desconcerta o adversário e, caso cause hesitação no avanço do outro lado, essa indecisão não deixará de ser habilmente utilizada, podendo ainda abrir uma esperança de vitória ou, no mínimo, a de se ganhar o dia com uma manobra para, à noite, se entrincheirar ou conseguir uma melhor posição. Pela ousadia, o general talentoso mantém a dignidade das armas, que tanta importância tem na força de um exército.

XIX

Passar da ordem defensiva à ordem ofensiva é uma das operações mais delicadas da guerra.

XX

Não se deve abandonar a linha de operação, mas é uma das mais hábeis manobras da arte da guerra saber mudá-la, quando as circunstâncias o permitem. Um exército que competentemente muda sua linha de operação engana o inimigo, que deixa de saber onde está sua retaguarda e quais os pontos fracos que pode ameaçar.

XXI

Quando um exército carrega consigo um material de sítio ou grandes comboios de feridos e doentes, deixa de poder tomar os caminhos mais curtos, que o aproximam mais rapidamente de seus depósitos.

XXII

A arte de assentar um acampamento numa posição é a mesma que a de assumir uma linha de batalha nessa posição. Para isso, é preciso que todas as armas fixas de tiro estejam disponíveis e favoravelmente colocadas; é preciso escolher uma posição que não possa ser dominada nem contornada, mas que, dentro do possível, domine e abranja as posições ao redor.

XXIII

Quando ocupamos uma posição em que o inimigo pode nos envolver, é preciso rapidamente juntar as forças e ameaçá-lo com um movimento ofensivo. Com essa manobra, impedimos que ele se distribua e venha pressionar nossos flancos, caso achemos indispensável bater em retirada.

XXIV

Uma máxima de guerra que nunca pode ser esquecida é a que diz respeito aos estacionamentos, que devem ser organizados em pontos o quanto possível distantes e protegidos do inimigo, pensando sobretudo na possibilidade da sua aparição de forma imprevista. Quem toma esse cuidado tem tempo para reunir todo o seu exército antes do ataque.

XXV

Quando dois exércitos entram em batalha e um tem que organizar sua retirada por uma ponte, enquanto o outro pode fazer o mesmo por pontos em volta, todas as vantagens estão do lado deste último. É quando um general deve se mostrar audacioso, atacar com grandes golpes e manobrar os flancos do inimigo. A vitória estará em suas mãos.

XXVI

Contraria os verdadeiros princípios quem desloca corpos em separado, sem qualquer comunicação entre eles, frente a um exército centralizado, em que as comunicações são fáceis.

XXVII

Se formos expulsos de uma primeira posição, temos que juntar nossas colunas atrás o bastante para que o inimigo não possa interceptá-las, pois nada pior do que nossas colunas serem atacadas isoladamente, antes de poderem se reunir.

XXVIII

Não se deve efetuar o menor desmembramento na véspera de uma batalha, uma vez que à noite as coisas podem mudar, seja pela movimentação de retirada do inimigo, seja pela chegada de reforços importantes que lhe permitam se pôr na ofensiva, tornando calamitosos os dispositivos feitos prematuramente.

XXIX

Quando se tem a intenção de travar batalha, é uma regra geral juntar todas as suas forças, sem nenhuma deixar de lado; um batalhão às vezes decide o resultado de todo um dia de luta.

XXX

Nada mais arriscado e contrário aos princípios da guerra do que uma marcha de flanco, diante de um exército em posição, sobretudo se esse exército estiver ocupando elevações abaixo daquelas sobre as quais teremos que evoluir.

XXXI

Ponha do seu lado todas as chances de sucesso quando travar uma batalha importante, sobretudo se estiver diante de um grande capitão, pois pobre de quem é derrotado, mesmo que tenha ainda o controle dos seus depósitos e praças fortificadas!

XXXII

O dever de uma tropa de frente não consiste em avançar ou recuar, mas em manobrar. Deve ser composta de uma cavalaria ligeira, apoiada por uma reserva de cavalaria de linha e batalhões de infantaria que contem também com baterias próprias. As tropas de frente devem ser de elite, com generais, oficiais e soldados que conheçam bem sua tática, dentro da competência das suas patentes. Uma tropa mal instruída será um estorvo à frente.

XXXIII

É contrário às regras da guerra incluir seu arsenal e sua artilharia pesada em um estreito do qual não se controla a extremidade oposta, pois, em caso de retirada, eles atrapalhariam e seriam perdidos. Devem ser deixados em posição, sob uma escolta adequada, até que se tenha o controle da saída.

XXXIV

Deve-se ter como princípio nunca deixar, entre os diversos corpos que formam a linha de batalha, brechas pelas quais o inimigo possa penetrar, a menos que seja com a intenção de atraí-lo a uma armadilha.

XXXV

Os diferentes acampamentos de um exército devem estar sempre em locais em que eles possam mutuamente se apoiar.

XXXVI

Quando o exército inimigo se apoia num rio que conta com várias cabeças de ponte, não devemos atacá-lo de frente, pois tal disposição dispersa nosso exército, que pode ser isolado. Deve-se fazer a aproximação do rio que se quer atravessar com colunas escalonadas, de forma que apenas uma, a mais avançada, se exponha a um ataque do inimigo sem que ele próprio exponha o flanco. Enquanto isso, as tropas ligeiras margeiam o rio e, assim que fixado o ponto para a travessia, o restante do exército rapidamente se aproxima e lança-se a ponte. É preciso ainda observar que o ponto de travessia deve ser longe do escalonamento mais avançado, para enganar o inimigo.

XXXVII

A partir do momento em que se controla uma posição com domínio da margem oposta, torna-se bem mais fácil a travessia de um rio, sobretudo se essa posição for suficientemente extensa para nela posicionar uma boa artilharia. Tal vantagem será menor se o rio tiver mais de seiscentos metros de largura, pois nossa bateria deixa de alcançar a margem oposta e as tropas que defendem a passagem podem facilmente recuar e se abrigar do fogo. Se nossos granadeiros encarregados de atravessar o rio para proteger a construção da ponte chegarem à outra margem, serão esmagados pelo fogo inimigo, já que suas baterias, colocadas a quatrocentos metros do final da ponte, poderão disparar de forma bem devastadora, a mais de mil metros das nossas próprias baterias e tendo toda vantagem. Assim sendo, a travessia só será possível se surpreendermos o inimigo, se pudermos contar com uma ilha no meio do caminho ou alguma saliência bem pronunciada que permita estabelecer baterias que cruzem fogos sobre o trecho em questão. Essa ilha, ou saliência, forma, nesse caso, uma cabeça de ponte natural e favorece a artilharia do exército que ataca.

Se a largura do rio for de menos de cento e vinte metros, isso nos dá um poder de fogo sobre a margem oposta, e as tropas que se lançam à travessia, estando sob a proteção da artilharia, contarão com tal vantagem e qualquer reentrância formada pelo rio impossibilitará que o inimigo impeça o estabelecimento da ponte. Nesse caso, um general talentoso, se tiver previsto os projetos do inimigo e aproximar o exército do ponto de passagem, se limita a impedir a travessia da ponte. Sendo ela uma verdadeira passarela, ele precisa apenas dispor sua força em semicírculo perto de onde a ponte desemboca e se proteger do fogo da margem oposta, a uma distância de seiscentos ou oitocentos metros.

XXXVIII

É difícil impedir um inimigo que tenha equipamentos de ponte de cruzar um rio. Quando o exército que defende aquele ponto tem como meta cobrir um cerco, assim que o seu comandante tiver certeza de não poder se opor à travessia, deve tomar as medidas para chegar, antes do inimigo, a uma posição intermediária entre o rio que ele defende e a praça que ele cobre.

XXXIX

Turenne, na campanha de 1645, foi encurralado com seu exército perto da praça-forte Philipsbourg por outro exército, bem superior em número. Ele não conseguiu ponte alguma sobre o Reno, mas aproveitou um terreno entre o rio e a praça, onde acampou. Que isso sirva de lição para os oficiais de engenharia, não apenas no referente à construção de praças-fortes, mas também no referente à construção de cabeças de ponte. Deve-se deixar um espaço entre a praça-forte e o rio, de maneira que — sem entrar na praça, pois isso comprometeria sua segurança — um exército possa se organizar e se reagrupar entre a praça e a ponte. Um exército que, perseguido, se retire em Mayence, estará forçosamente comprometido, pois levará mais de um dia para atravessar a ponte, e a área murada de Cassel é pequena demais para que um exército possa se abrigar sem sobrecarregá-la. Era preciso haver um espaço de quatrocentos metros entre a praça e o Reno. É essencial que as cabeças de ponte às margens de rios largos sejam traçadas seguindo esse princípio, ou terão pouca valia para proteger a passagem de um exército em retirada. Tais como ensinadas nas escolas militares, as cabeças de ponte servem apenas para rios estreitos, cuja travessia não é demorada.

XL

As praças-fortes são úteis tanto na guerra ofensiva quanto na guerra defensiva. É claro que, sozinhas, não podem parar um exército, mas constituem um excelente meio para fazê-lo perder tempo, enfraquecendo e preocupando um inimigo vitorioso.

XLI

Apenas dois meios garantem o cerco de uma praça: um é derrotando antes o exército inimigo encarregado de cobrir essa praça e afastando do campo de operação o que dele tiver sobrado, fazendo-o recuar para além de algum obstáculo natural, como uma montanha ou um grande rio. Vencido esse primeiro obstáculo, deve-se colocar uma tropa de observação voltada para aquele obstáculo natural até que os trabalhos de cerco se concluam e a praça seja tomada. Se, por outro lado, a intenção for tomar a praça apesar do seu exército de socorro, sem correr o risco de uma batalha, é preciso dispor de material de sítio, de munição e de víveres para o tempo previsto de duração do cerco, além de formar linhas de contravalação e de circunvalação, utilizando-se de relevos do terreno, bosques, pântanos e inundações. Sem necessidade de sustentar qualquer comunicação com os locais de armazenamento de material, toda atenção se volta para a contenção do exército de socorro. Nesse sentido, forma-se uma tropa de observação que não o perca de vista e, barrando o caminho da praça, possa ainda ter tempo de atacar seus flancos ou retaguarda, se porventura ele conseguir avançar. Aproveitando as linhas de contravalação, é possível usar parte do corpo sitiante para enfrentar em batalha o exército de socorro. Desse modo, para sitiar uma praça diante de um exército inimigo, é preciso cobrir o cerco com linhas de circunvalação. Se o exército sitiante for forte o bastante para deixar no cerco um corpo quatro vezes mais numeroso que a guarnição da praça e mesmo assim não ficar em desvantagem numérica frente ao exército de socorro, ele pode se afastar a até uma etapa normal de marcha. Caso fique em desvantagem numérica, não deve se afastar tanto do cerco, para poder voltar ou receber socorro em caso de ataque. Se as forças de cerco e de observação, juntas, forem apenas iguais às do exército de socorro, elas devem se manter sem desmembramentos, em suas linhas ou perto, concentrando-se no esforço do cerco, para apressá-lo ao máximo.

XLII

Feuquières disse que nunca devemos esperar o inimigo nas linhas de circunvalação, sendo melhor deixá-las e atacar. Está errado; nada é tão absoluto numa guerra, e não se deve deixar totalmente de lado a possibilidade de esperar o inimigo nas linhas de circunvalação.

XLIII

Quem proscreve as linhas de circunvalação e a ajuda que a engenharia pode dar, gratuitamente abre mão de uma força e de um meio auxiliar que nunca prejudicam e quase sempre são úteis ou até mesmo indispensáveis. Contudo, os princípios da fortificação em campanha precisam ser melhorados. Esse importante setor da arte da guerra não progrediu desde a Antiguidade, estando inclusive abaixo daquilo que era há dois mil anos. Devemos então incentivar os oficiais de engenharia para que aperfeiçoem esse setor, levando-o ao mesmo nível dos demais.

XLIV

Se as circunstâncias não permitem que se deixe guarnição suficiente para a defesa de uma cidade de guerra que abriga um hospital e um almoxarifado, deve-se pelo menos empregar todos os meios possíveis para colocar a cidadela a salvo de pequenos ataques.

XLV

Uma praça de guerra só consegue proteger sua guarnição e parar o inimigo por algum tempo. Passado esse tempo e destruídas as defesas, a guarnição deve se render. Todos os povos civilizados concordaram nesse sentido e nunca se discutiu sobre o maior ou menor empenho de um comandante de praça antes de capitular. Alguns generais, no entanto, entre os quais Villars, acham que um comandante nunca pode se render e, como último recurso, deve explodir as fortificações, aproveitando a noite para abrir passagem entre as forças sitiantes. Caso não se possam explodir as fortificações, é sempre possível sair com a guarnição e salvar soldados. Os comandantes que adotaram essa alternativa chegaram a seu exército com ¾ da guarnição.

XLVI

As chaves de uma praça de guerra valem a liberdade de uma guarnição decidida a só sair livre. Nesse sentido, é sempre mais vantajoso conceder capitulação honrosa a uma guarnição que demonstrou valorosa resistência do que tentar a indefinição de um assalto.

XLVII

A infantaria, a cavalaria e a artilharia não podem deixar de contar uma com a outra. Devem então estacionar de maneira a sempre poderem dar apoio mútuo, em caso de surpresa.

XLVIII

A infantaria só deve se pôr em linha em duas fileiras, já que a espingarda só permite o tiro nessa formação, sendo claro que o fogo da terceira fileira é bastante ineficiente. Ele chega inclusive a prejudicar o das duas primeiras. Alinhando a infantaria em duas fileiras, deve-se prever uma, de coordenação, a cada dois metros. A vinte e quatro metros, na retaguarda dos flancos, deve-se colocar uma reserva.

XLIX

O método de misturar pelotões de infantaria com a cavalaria é problemático e só apresenta inconvenientes. A cavalaria deixa de ter mobilidade, fica travada em seus movimentos, perde sua impulsão. Também a infantaria fica comprometida, pois ao menor movimento da cavalaria ela se vê sem apoio. A melhor maneira de proteger a cavalaria é apoiando seu flanco.

L

As cargas de cavalaria são igualmente boas no início, no meio e no fim de uma batalha. Devem ser executadas sempre que possível pelos flancos da infantaria, sobretudo quando esta ataca de frente.

LI

Cabe à cavalaria ir atrás da vitória e impedir que o inimigo derrotado se reorganize.

LII

A artilharia é mais necessária à cavalaria do que à infantaria, já que a cavalaria não abre fogo e só se serve de arma branca. Foi para responder a essa dependência que se criou a artilharia montada. A cavalaria deve sempre ter com ela suas baterias, seja quando ataca, se mantém em posição ou se reagrupa.

LIII

Em deslocamento ou em posição, a maior parte da artilharia deve estar com as divisões de infantaria e de cavalaria. O restante deve ser deixado na reserva. É aconselhável que cada canhão disponha de trezentos projéteis a lançar; é mais ou menos o consumo de duas batalhas.

LIV

As baterias devem estar dispostas nas posições mais vantajosas e o mais à frente possível das linhas de infantaria e de cavalaria, sem, no entanto, que isso as ponha em risco. O ideal é que as baterias comandem a campanha a partir de certa altura, não devendo ter obstáculos à direita ou à esquerda, para que seus projéteis possam ser lançados em todas as direções.

LV

Um general não deve deixar que a sua tropa descanse, tendo ainda que pôr em ordem seus depósitos de víveres e de forragem, pois é com isso que se suprem as necessidades do soldado.

LVI

Um bom general, bons quadros, boa organização, boa instrução e disciplina severa resultam em boas tropas, quaisquer que sejam as causas pelas quais lutam. O fanatismo, o amor pela pátria e a glória nacional podem também inspirar beneficamente jovens tropas.

LVII

Quando uma nação carece de quadros e de um princípio de organização militar, é bem difícil organizar um exército.

LVIII

A primeira qualidade do soldado é a constância para suportar o cansaço e as privações. O valor vem somente depois. A pobreza, as privações e a miséria são a escola do bom soldado.

LIX

Há cinco coisas que não devem nunca se separar do soldado: sua espingarda, seus cartuchos, sua mochila, seus víveres para pelo menos quatro dias e sua ferramenta de trabalho em campo. Que se reduza a mochila ao menor volume possível, se necessário, mas que o soldado a tenha sempre com ele.

LX

É preciso, por todos os meios, incentivar o soldado a manter o alistamento. Isso se consegue facilmente se demonstrarmos maior estima pelos velhos soldados. Seria bom também aumentar o soldo de acordo com os anos de serviço, pois é uma grande injustiça o veterano não ser melhor pago que o recruta.

LXI

Não são as arengas, no momento da luta, que aumentam a bravura do soldado: os veteranos mal as ouvem e os recrutas as esquecem ao primeiro tiro de canhão. Os discursos e as explanações são úteis, mas só mais tarde, para desfazer as insinuações e os boatos falsos, para manter o bom espírito no acampamento e fornecer assunto em conversas nos bivaques. A ordem do dia impressa pode preencher essas diferentes finalidades.

LXII

As tendas são pouco saudáveis; é bem melhor que o soldado bivaque, pois dorme com os pés junto da fogueira, que também seca rapidamente o terreno em que ele se deita. Algumas tábuas ou um pouco de palha o protegem do vento. As tendas, no entanto, são necessárias aos chefes, que precisam escrever e consultar mapas. Devem ser montadas, então, para os oficiais superiores, com ordem de que nunca durmam em casas. As tendas são pontos de observação para o estado-maior inimigo, informando-o quanto ao número e a posição que se ocupa, mas um exército disposto em duas ou três linhas de bivaques deixa que de longe se veja apenas uma fumaça, que o inimigo confunde com brumas da atmosfera. É impossível contar o número de fogueiras.

LXIII

As informações obtidas com prisioneiros devem ser apreciadas em sua justa medida. Um soldado nada vê muito além da sua companhia e o oficial pode no máximo prestar conta da posição ou dos movimentos da divisão a que o seu regimento pertence. Dessa forma, um comandante-chefe deve levar em consideração as informações arrancadas de prisioneiros apenas quando elas batem com os relatórios das linhas de frente, para justificar suas conjeturas sobre a posição ocupada pelo inimigo.

LXIV

Nada é mais importante, numa guerra, do que a união no comando. Assim sendo, quando a guerra é contra uma única potência, deve-se ter um só exército, agindo sobre apenas uma linha e comandado por um único chefe.

LXV

Falando, mostrando-se espirituoso e reunindo conselhos, acontece o que sempre aconteceu ao longo dos séculos passados: acaba-se escolhendo o pior caminho; que na guerra, quase sempre, é o mais pusilânime — ou, se preferirem, o mais prudente. Para um general, a verdadeira sabedoria está na enérgica determinação.

LXVI

Na guerra, apenas o chefe compreende a importância de certas coisas. E apenas ele, pela vontade e visão superiores, pode vencer e superar todas as dificuldades.

LXVII

Autorizar generais e oficiais a abaixarem as armas, após uma capitulação particular, em qualquer outra situação que não seja a da guarnição de uma praça de guerra, oferece incontestáveis perigos. Abrir essa porta aos covardes, aos tímidos, ou mesmo a bravos mal orientados, é destruir o espírito militar de uma nação. Uma situação extraordinária exige determinação extraordinária; quanto mais pertinaz for a resistência de um corpo armado, mais ele terá chances de ser socorrido ou de abrir uma brecha. Quantas coisas que pareciam impossíveis foram, no entanto, realizadas por homens decididos, sem recurso além da morte!

LXVIII

Soberano nenhum, povo nenhum, general nenhum pode estar seguro caso tolere que oficiais capitulem em campo aberto e deponham armas por um acordo favorável aos membros do corpo a que pertencem, mas contrário aos interesses do restante do exército. Safar-se do perigo, mas tornar a posição dos companheiros mais perigosa é uma evidente covardia. Semelhante comportamento deve ser proscrito, declarado infame e passível de pena de morte. Generais, oficiais e soldados que, numa batalha, salvaram suas vidas com uma capitulação devem ser dizimados. Quem comanda que se entreguem as armas e quem obedece são, todos, traidores e merecem a pena capital.

LXIX

A única justificativa não vergonhosa para um prisioneiro de guerra é ele ter sido preso isoladamente, sem poder mais se servir de suas armas. Trata-se então de uma rendição incondicional, pois acordo honroso algum poderia haver, sendo forçoso, por absoluta necessidade, aceitar a prisão.

LXX

Numa área conquistada, um general precisa medir muito bem a sua maneira de agir. Caso se mostre duro, ele irrita as pessoas e aumenta o número de inimigos. Caso aja de forma inversa, dá esperanças, o que só vai realçar os inevitáveis abusos e ultrajes inerentes à arte da guerra. Quem ocupa um território deve saber empregar alternadamente severidade, justiça e civilidade, tanto para acalmar as revoltas quanto para preveni-las.

LXXI

Nada pode desculpar um general que se aproveita dos saberes adquiridos no serviço da pátria para ir contra ela e entregar suas avenidas às nações estrangeiras. Tal crime é condenado pelos princípios da religião, da moral e da honradez.

LXXII

Um comandante-chefe não deixa de ser responsável por erros que cometeu na guerra por ter seguido ordens de seu soberano ou do ministro, se eles estiverem longe do teatro de operações e pouco, ou absolutamente nada, conhecerem da situação. Um comandante-chefe que aceite executar um plano que ele pessoalmente desaprova é culpado. Deve apresentar seus motivos, insistir para que o plano seja modificado e, por fim, se demitir, mas não se tornar instrumento da ruína do seu exército. Todo comandante-chefe que, seguindo ordens superiores, abra batalha tendo certeza de que vai perdê-la é igualmente culpado. Ele deve se negar a obedecer, pois uma ordem militar só exige obediência passiva quando for dada por um superior que esteja no palco de operações no momento em que dá a ordem. Tendo então conhecimento da situação, ele pode ouvir as objeções e dar as explicações necessárias a quem deve executar a ordem. Se um comandante-chefe receber uma ordem absoluta de seu soberano para travar uma batalha, com a injunção de ceder a vitória ao adversário e ser derrotado, ele deve obedecer? De forma alguma. Se esse general compreendesse a utilidade de tão estranha ordem, deveria executá-la, mas, não sendo esse o caso, deve negar obediência.

LXXIII

A primeira qualidade de um comandante-chefe é ter cabeça fria, que receba uma impressão justa das coisas. Ele não pode se emocionar por boas ou más notícias. As sensações que ele recebe sucessiva ou simultaneamente ao longo do dia devem ser classificadas em sua memória de maneira a só ocupar o lugar que merecem ocupar: a razão e o julgamento são resultado da comparação entre as várias sensações, igualmente sopesadas. Há homens que, por constituição física e moral, montam de cada coisa um quadro fixo: quaisquer que sejam o seu saber, inteligência, coragem e boas qualidades, esses homens não foram moldados para o comando de exércitos nem para a direção de grandes operações de guerra.

LXXIV

Conhecer bem o mapa, ouvir o reconhecimento feito do terreno, cuidar da expedição das ordens, apresentar com simplicidade as movimentações mais complexas de um exército, é o que se requer de um oficial para a chefia de um estado-maior.

LXXV

É dever de um general de artilharia conhecer o conjunto das operações do exército, já que ele fornece armas e munições às diferentes divisões que o compõem. Suas relações com os comandantes de artilharia que estão nos postos de frente devem colocá-lo a par de todos os movimentos do exército e dessas informações depende a distribuição que ele faz do seu grande parque.

LXXVI

Identificar rapidamente desfiladeiros e passagens rasas nos rios, garantir guias seguros, saber fazer perguntas ao cura e ao encarregado dos postos de muda de cavalos, conseguir rapidamente bom entendimento com os moradores, enviar espiões, interceptar cartas, traduzi-las e analisá-las, responder, enfim, a todas as perguntas do comandante-chefe quando ele chega com a massa do exército são as qualidade que deve ter um bom general de posto de frente.

LXXVII

Os comandantes-chefes são guiados pela experiência ou pelo talento. A tática, as evoluções, a ciência do oficial de engenharia e do oficial de artilharia podem ser aprendidas em livros, mas só se adquire o conhecimento da grande tática pela experiência e pelo estudo da história das campanhas de todos os grandes capitães. Gustavo Adolfo, Turenne e Frederico, assim como Alexandre, Aníbal e César, todos agiram segundo os mesmos princípios: manter suas forças reunidas, sem se mostrarem vulneráveis em ponto algum, deslocando-se com rapidez até os alvos importantes; são os princípios que garantem a vitória. Inspirar temor pela reputação das armas mantém a fidelidade dos aliados e a obediência dos povos conquistados.

LXXVIII

Leiam e releiam as campanhas de Alexandre, de Aníbal, de César, de Gustavo, de Turenne, de Eugênio e de Frederico. Moldem-se a partir deles. É o único meio para se tornar um grande capitão e entender os segredos da arte da guerra. A sua aptidão pessoal, iluminada por esse estudo, o fará rejeitar máximas que se oponham às desses grandes homens.

INTRODUÇÃO ÀS NOTAS
GENERAL BURNOD

Com a edição dessas máximas que guiaram as operações militares do maior capitão dos tempos modernos, eu quis ser útil aos jovens oficiais interessados em aprender a arte da guerra meditando sobre as muitas campanhas de Gustavo Adolfo, Turenne, Frederico e do próprio Napoleão. Essas máximas me parecem ser as mesmas que nortearam aqueles grandes homens e, aplicando-as então à leitura das suas campanhas, os militares de hoje poderão comprovar sua efetividade, para em seguida utilizá-las, dentro dos limites do talento pessoal de cada um.

A tarefa já estava terminada, mas percebi o quanto meu apanhado de máximas parecia incompleto e procurei então preencher o que faltava pesquisando as *Memórias* de Montecuccoli e as *Instruções* de Frederico aos generais prussianos. A analogia dos seus princípios aos de Napoleão me convenceu de que a arte da guerra pode ser considerada sob dois pontos de vista: um que se apoia inteiro nos conhecimentos e no talento do general e outro que se remete a questões de detalhes.

O primeiro desses pontos de vista é o mesmo para todos os tempos e para todos os povos, quaisquer que sejam as armas com que se combate; e disso resulta que os mesmos princípios dirigiram os grandes comandantes de todas as épocas. Já no referente aos detalhes, eles obedecem às circunstâncias existentes, às particularidades dos povos e à qualidade das armas.

Foi para salientar a legitimidade dessa observação que procurei exemplos em diferentes períodos da História, com o intuito de ilustrar essas máximas e mostrar que nada é problemático na guerra, vendo-se que o fracasso ou o sucesso das operações militares quase sempre dependem do talento natural e dos conhecimentos do chefe.

NOTAS

I

Em sua carreira militar, Napoleão parece ter superado todas as dificuldades que podem se apresentar numa guerra de invasão. No Egito, ele atravessou desertos, venceu e aniquilou a milícia dos mamelucos, célebre pela habilidade e coragem. Seu talento militar soube se adequar a todo tipo de perigo naquela campanha distante, num país nada preparado para suprir as necessidades de suas tropas.

Na conquista da Itália, por duas vezes ele atravessou os Alpes pelos mais difíceis desfiladeiros e numa estação do ano que tornava ainda mais assustadora a expedição. Em três meses ele atravessou os Pirineus e derrotou e dispersou quatro exércitos espanhóis. Em suma, do Reno ao Borysthenes,[1] nenhum obstáculo natural foi capaz de impedir o avanço rápido do seu exército vitorioso.

---

1. Atual rio Dniepre.

II

Já se viu uma campanha duvidosa e com plano frontalmente contrário aos princípios da arte da guerra ser bem-sucedida. Tal fato, porém, depende em geral dos caprichos da sorte ou de erros do inimigo, dois fatores com os quais um general não deve contar.

Um plano de campanha bem fundamentado em sólidos princípios de guerra corre o risco, às vezes, de fracassar logo de início, quando aplicado contra um adversário que primeiro age de forma defensiva, para depois, tomando bruscamente a iniciativa, surpreender com boas manobras. Foi o que aconteceu com o plano traçado pelo Conselho Áulico para a campanha de 1796, comandada pelo general Wurmser. Contando com grande superioridade numérica, o austríaco calculou que destruiria o exército francês cortando sua retirada. Baseou suas operações no comportamento defensivo do adversário, posicionado na linha do rio Ádige e precisando cobrir o cerco de Mântua, assim como o centro e o sul da Itália.

Achando que a massa do exército francês estava nos arredores de Mântua, Wurmser dividiu suas forças em três corpos, que avançaram separadamente, para se reunir naquela área. Napoleão, adivinhando a intenção do general austríaco, viu a vantagem que conseguiria tomando a ofensiva contra um exército dividido em três corpos e sem comunicação interna. Ele então suspendeu o sítio de Mântua, juntou suas tropas e, com isso, ficou em superioridade numérica sobre cada um dos três corpos imperiais, atacando-os e derrotando um de cada vez. Wurmser, que acreditara ter nas mãos uma vitória certa, após dez dias de campanha foi obrigado a se retirar no Tirol com o que sobrou do seu exército, depois de perder vinte e cinco mil homens entre mortos e feridos, quinze mil prisioneiros, nove estandartes com as cores das suas unidades e setenta canhões.

Nada então é mais difícil, para um general, do que prever qual linha seguir ao longo de uma campanha. Muito frequentemente o sucesso depende de circunstâncias imprevisíveis e deve-se também observar que nada restringe tanto a criatividade de um comandante quanto ser obrigado a seguir uma vontade que não é a sua.

III

Esses princípios gerais da arte da guerra eram totalmente desconhecidos ou tinham sido deixados de lado na Idade Média. De fato, em suas incursões pela Palestina, os cruzados pareciam não ter outra finalidade senão lutar e vencer, tendo em vista o pouco proveito que tiravam das suas vitórias. Muitos exércitos foram destruídos na Síria, sem maiores vantagens além daquelas momentaneamente obtidas com vitórias que se deviam apenas à superioridade numérica.

Foi também por desprezar esses princípios que Carlos XII, abandonando sua linha de operação e toda a comunicação com a Suécia, se lançou contra a Ucrânia e perdeu mais da metade do seu exército pelo cansaço de uma campanha em pleno inverno, numa região árida e desprovida de recursos.

Derrotado em Pultawa, ele foi obrigado a se refugiar na Turquia, depois de atravessar o Nieper com o que sobrou do seu exército, reduzido a pouco mais de mil homens.

Gustavo Adolfo da Suécia foi o primeiro a trazer a arte da guerra de volta aos seus verdadeiros princípios. Suas expedições na Alemanha foram audaciosas, rápidas e bem executadas, conseguindo sempre garantir a segurança futura e estabelecendo uma linha de operação que evitasse a quebra de comunicação com a Suécia. Suas campanhas deram início a uma nova era na arte da guerra.

IV

Na campanha de 1757, Frederico da Prússia, partindo para a conquista da Boêmia com dois exércitos, tendo cada qual sua linha própria de operação, conseguiu mesmo assim juntá-los ao ter que enfrentar o duque de Lorraine, que protegia Praga à frente do exército imperial. Que isso não sirva de exemplo: a investida só teve sucesso graças à inação do duque, que, dispondo de setenta mil homens, nada fez para impedir a união dos dois exércitos prussianos.

V

Dizia o marechal Villars que, para entrar numa guerra, é preciso dispor de informações exatas quanto ao efetivo das tropas que o inimigo pode levar à frente de batalha, sendo impossível estabelecer um plano consistente, tanto ofensivo quanto defensivo, sem saber o que esperar ou temer: "disparado o primeiro tiro, ninguém pode saber como terminará a guerra; deve-se então tudo calcular, antes de dar início." Ainda segundo ele, uma vez tomada a decisão, os planos mais audaciosos e amplos são em geral os mais sábios e bem-sucedidos. Também acrescentava: "Quando nos decidimos pela guerra, devemos prossegui-la com força e sem qualquer hesitação."

VI

O marechal de Saxe observa que as retiradas podem não ser desastrosas, se o inimigo se mostrar fraco e pouco agressivo, mas, se a perseguição for enérgica, o recuo logo se transforma em derrocada. Ele acrescentou: "Por esse princípio, é um grande erro ouvir o provérbio recomendando que se abra uma ponte de ouro para o inimigo em retirada. De forma alguma! Persiga-o duramente e ele será destruído!"

VII

As observações que seguem, tiradas das *Memórias* de Montecuccoli, me parecem se adequar bem aos princípios gerais enunciados nesta última máxima.

1. Uma vez declarada a guerra, não cabem mais dúvidas nem escrúpulos. Pelo contrário, devemos esperar que todo o mal que dela pode decorrer não aconteça e que a Providência, ou nossa sabedoria, possa tudo evitar; ou que a inabilidade do inimigo faça com que ele não tire o proveito que pode eventualmente tirar. A primeira decisão para o sucesso é a escolha de um chefe único. Quando se divide a autoridade, as percepções frequentemente diferem e as operações deixam de ter o conjunto que é o principal elemento da vitória. Aliás, quando a tarefa é confiada a muitos, e não concentrada numa só pessoa, ela é conduzida sem vigor e com menor empenho pelo resultado.

Depois de nos conformarmos a todas as regras da guerra, seguros de nada haver deixado de lado para o possível sucesso, devemos tudo entregar à Providência e tranquilamente aguardar a decisão do poder superior.

Aconteça o que acontecer, cabe ao comandante-chefe permanecer firme e constante em seus objetivos, sem se entusiasmar demais no sucesso nem se deprimir na adversidade: na guerra, o bem, o mal e a fortuna se alternam, formando o fluxo e o refluxo das operações militares.

2. Com um exército forte e experiente, sendo o do inimigo fraco e recentemente recrutado, ou com tropas desgastadas por uma longa inação, todos os meios para forçá-lo ao combate devem ser usados. Se, pelo contrário, o adversário tiver tropas superiores, o melhor é evitar um confronto decisivo e procurar apenas retardar o seu avanço, posicionando-se adequadamente e fortificando áreas de passagem. Quando dois exércitos têm mais ou menos a mesma força, é aconselhável não evitar as batalhas, mas tentar travá-las em situações favoráveis. Para isso, deve-se sempre acampar mais à frente que o inimigo, se deslocando quando ele se desloca, ocupando os terrenos mais altos e vantajosos que aparecerem no caminho, dominando os imóveis e as estradas ao redor, se posicionando da melhor maneira nos lugares pelos quais ele deve passar. É sempre proveitoso fazer com que ele perca tempo, tenha suas intenções contrariadas, seu avanço e desempenho atrasados. Se, entretanto, o nosso

exército for realmente inferior ao do inimigo, sem haver sequer a possibilidade de manobrar com algum sucesso, a campanha deve ser abandonada, com as tropas se retirando em suas fortificações.

3. No momento da batalha, um comandante-chefe deve ter como preocupação maior a segurança dos flancos do seu exército. É verdade que o próprio terreno pode cumprir esse objetivo, mas como os acidentes naturais são fixos e imóveis, oferecem vantagem apenas quando se pretende aguardar o choque do inimigo, sem tomar a iniciativa do ataque.

Só mesmo dispondo bem suas tropas é que um general pode repelir qualquer ataque do adversário pela frente, pelos flancos ou pela retaguarda do exército.

Caso o flanco de um exército se apoie num rio ou num barranco intransponível, a cavalaria inteira pode se concentrar do outro lado e envolver mais facilmente o inimigo, pela superioridade numérica.

Se o inimigo tiver os flancos apoiados em bosques, a cavalaria ligeira ou a infantaria podem atacá-lo pelo lado ou pela retaguarda, no calor da batalha. Quando possível, um ataque contra a bagagem aumenta muito a confusão.

Se houver a intenção de quebrar a ala esquerda do inimigo com a nossa ala direita — ou a direita dele com a nossa esquerda —, a ala que efetua o ataque deve ser reforçada com a elite dos homens disponíveis. Nesse momento, a outra ala deve evitar o choque, enquanto a ala que ataca avança rapidamente, de maneira a sufocar o adversário. Se a natureza do terreno permitir, a aproximação deve ser furtiva, atacando antes que ele possa se organizar.

Se forem visíveis no inimigo sinais de pânico — detectáveis pela confusão ou pela desordem da sua movimentação —, a perseguição tem que ser imediata, sem deixar tempo para recuperação. É nesse momento que a cavalaria entra em ação e manobra de maneira a surpreender, cortando a ação da artilharia e isolando a bagagem.

4. A ordem de avanço deve estar sempre subordinada à ordem de batalha que, por sua vez, deve ter sido prevista. Para ser correta, a marcha de um exército precisa ter levado em consideração a distância a ser coberta e o tempo necessário para isso. A progressão da coluna de marcha será mais lenta ou mais rápida de acordo com a natureza do terreno, devendo a artilharia seguir sempre pelo melhor caminho disponível.

Se for preciso cruzar um rio, a artilharia deve ser disposta em bateria na margem, junto do ponto em se pretende fazer a travessia. É uma grande vantagem se o rio formar uma reentrância nesse ponto ou se houver uma parte mais rasa nas proximidades. Durante a construção da ponte, a infantaria deve ocupá-la para cobrir os trabalhadores, sustentando o fogo contra a margem oposta. Terminada a construção, um corpo de infantaria e de cavalaria, assim como algumas peças de artilharia, podem cruzar o rio. A infantaria imediatamente forma à cabeceira da ponte e é prudente também um reforço um pouco mais além, para proteger a obra caso o inimigo tente um movimento ofensivo.

A frente de um exército deve sempre contar com guias confiáveis e um corpo de batedores: os guias para indicarem os melhores caminhos e os batedores para tornar esses caminhos mais praticáveis.

Se o exército avança por destacamentos, o comando de cada um deve receber por escrito o nome do lugar em que todos se reunirão. Esse lugar precisa ser suficientemente afastado do inimigo para que ele não possa ocupá-lo antes da reunião dos destacamentos. É importante, então, manter o nome do lugar em segredo.

A partir do momento em que um exército se aproxima do inimigo, ele deve seguir já na ordem prevista para o combate. Havendo alguma expectativa de perigo, tomam-se precauções proporcionais à ameaça. Para a travessia de um desfiladeiro, as tropas mais adiantadas o atravessam e aguardam que o exército inteiro o tenha atravessado.

Para dissimular a movimentação, as tropas podem avançar à noite, por bosques e vales, procurando os caminhos mais recuados e fora de visão de qualquer lugar habitado. Fogueira nenhuma pode ser autorizada e, para que avancem o mais silenciosamente possível, os deslocamentos devem ser feitos apenas por ordens verbais. Quando a finalidade da marcha é a de conquistar uma posição ou prestar socorro a um lugar sitiado, o grupo de vanguarda deve seguir à distância de um tiro de espingarda do corpo principal, que assim pode passar imediatamente ao ataque, sem parar diante de obstáculo algum.

Quando a marcha é para forçar uma passagem guardada pelo inimigo, pode-se fingir uma investida em determinado ponto e, com uma movimentação rápida, fazer o verdadeiro ataque em outro.

Às vezes a vitória pode vir da simulação de um recuo à linha inicial de marcha para, numa contramarcha repentina, ir à passagem que se pretendia, antes que o inimigo possa reocupá-la. Generais já alcançaram o que pretendiam com manobras para iludir o inimigo, enquanto um destacamento, com a ajuda dos acidentes do terreno, atacava de surpresa a passagem. Com o inimigo focado em observar a movimentação do corpo principal, o destacamento conseguiu conquistar aquela nova posição.

5. Um exército organiza o seu acampamento segundo as necessidades de maior ou menor precaução. Num país aliado, as tropas se dividem, em nome da comodidade dos soldados. Frente ao inimigo, porém, o acampamento deve estar sempre preparado para a batalha. Nesse caso, na medida do possível, é da maior importância deixar

uma parte do acampamento protegida por defesas naturais como um rio, rochedos ou barrancos. É preciso também evitar que o acampamento tenha seu acesso controlado pelo inimigo ou que se criem obstáculos para uma livre comunicação que possam impedir as tropas de prestar socorro umas às outras.

Um acampamento deve estar bem abastecido em víveres e munições ou, pelo menos, o aprovisionamento deve estar próximo e ser de fácil obtenção. Nesse caso, é indispensável que a linha de comunicação seja boa, sem que uma força inimiga a ameace.

Quando um exército se estabelece pelo inverno, estará mais seguro se o acampamento for fortificado (para isso, o local escolhido deve estar perto de uma cidade grande, com comércio ativo, ou de um rio que ofereça facilidades de transporte), ou ele pode também ser distribuído em acampamentos menores e próximos o bastante para que as tropas se deem apoio mútuo, caso necessário.

Os locais de inverno para um exército devem estar ao abrigo, graças à construção de áreas cobertas para todas as linhas de aproximação dos diferentes acampamentos menores, com uma guarda avançada de cavalaria que observe a movimentação do inimigo.

6. Aceita-se batalha quando há expectativas de vitória ou diante do risco de pôr tudo a perder sem lutar. Também quando um lugar sitiado deve ser libertado

ou quando se quer impedir um reforço de chegar ao inimigo. As batalhas são igualmente aconselháveis quando se percebe uma ocasião interessante, como a de tomar um ponto ou uma passagem sem defesa, atacar o inimigo se ele tiver cometido um erro ou quando um mal entendido entre os seus generais favorece a iniciativa.

Se o inimigo se nega à batalha, é possível forçá-lo, seja sitiando uma praça importante, seja indo contra ele de surpresa, num momento em que não possa facilmente recuar. Há também a possibilidade (depois de simular uma retirada) de uma contramarcha rápida e vigorosa, forçando-o à ação.

As diferentes circunstâncias em que se deve evitar ou recusar batalha são quando o perigo de ser derrotado é maior do que a vantagem que se poderia tirar de uma eventual vitória. Ou quando nos encontramos em número muito inferior ao adversário e estamos à espera de reforços. Ou ainda quando o inimigo está melhor posicionado. Pode-se também esperar que o inimigo contribua para a própria derrota, por erros inerentes à posição ou por equívocos e disputas pessoais entre os seus generais.

Para ganhar uma batalha, cada arma deve estar bem posicionada e podendo combater de frente ou pelos lados. O ideal é que as alas estejam protegidas por obstáculos naturais; não havendo, apenas os recursos da arte podem ajudar.

As tropas têm que poder prestar auxílio umas às outras sem confusão, cuidando para que aquela que for rompida não atropele as outras, levando-as à desordem. É importante que o espaço entre os diferentes corpos não seja grande, para impedir qualquer penetração do inimigo, pois nesse caso será preciso apelar para as reservas, com risco de total descontrole. A vitória às vezes pode ser obtida com a criação de algum fato novo em plena batalha ou até mesmo tirando do soldado toda esperança de retirada, pois isso o coloca numa situação em que ele será obrigado a vencer, se não quiser morrer.

No início de uma batalha, se o terreno for plano, devemos avançar contra o inimigo para incutir coragem no soldado; mas, se estivermos bem posicionados, com a artilharia em boa situação, o melhor é esperá-lo com firmeza e combater com determinação, socorrendo oportunamente o grupamento que precisar de ajuda, sem nunca pôr em campo nossas reservas, a não ser em caso extremo, para poder sempre contar com esse apoio, atrás do qual os corpos dispersados podem se reagrupar.

Quando for necessário atacar com todas as forças, o melhor é que se dê início à batalha no final da tarde, pois, qualquer que seja o seu andamento, a noite vai apartar os lados antes do esgotamento das tropas. Ganha-se com isso a possibilidade de uma retirada em boa ordem, se for necessário.

Durante a ação, o comandante-chefe deve ocupar uma posição da qual ele tenha, na medida do possível, uma visão geral das tropas. É importante que ele seja imediatamente informado de tudo o que acontece em suas diferentes divisões, para poder lançar tropas descansadas nos pontos em que o inimigo começa a ceder, como também reforçar suas próprias linhas se sentir que elas cedem. Se o inimigo se retirar, derrotado, a perseguição deve ser imediata, para que ele não tenha tempo de se recuperar. Por outro lado, quando se perde a esperança de vitória, o recuo precisa ser feito da forma mais ordenada possível.

7. Demonstra grande talento o general que põe em combate tropas bem preparadas contra adversários despreparados: por exemplo, tropas descansadas contra tropas exaustas, ou soldados corajosos e disciplinados contra soldados recém-recrutados. Um general deve também estar pronto para lançar seu exército contra um destacamento fraco e isolado, assim como para seguir a pista do inimigo ou atacar quando ele atravessa um desfiladeiro, sem poder fazer frente ou se pôr em formação de batalha.

8. Uma situação é boa quando as diferentes armas estão dispostas de forma a poderem ser acionadas nos momentos mais favoráveis, sem que nenhuma fique inativa. Se a sua cavalaria for superior, escolha posições em terreno plano e descoberto. Se for a

infantaria, é preferível uma área fechada e coberta. Em caso de inferioridade numérica, os lugares confinados e estreitos são mais vantajosos; em caso de superioridade, um campo espaçoso e aberto. Com um exército muito inferior, deve-se ocupar uma passagem difícil e fortificá-la.

9. Para tirar total vantagem de algo que distraia o inimigo, devemos antes de tudo nos assegurar da possibilidade de penetrar facilmente no local dessa distração, que deve causar impacto e acontecer em pontos que possam causar sérios danos.

10. Para uma guerra vitoriosa, os seguintes princípios nunca podem ser esquecidos: ser superior ao inimigo em número e em entusiasmo; levar adiante batalhas para semear o pânico na área de conflito; dividir o exército em tantos corpos quanto possível, sem correr riscos, para buscar vários objetivos ao mesmo tempo; tratar bem a quem cede e mal a quem resiste; para deixar segura a retaguarda, ocupar e fortificar algum posto que servirá de ponto central de apoio para movimentações futuras; precaver-se contra as deserções; controlar os rios maiores e os principais desfiladeiros, estabelecendo uma linha de comunicação, apossando-se das fortificações pelo cerco e dos campos pela batalha. Para todas essas coisas, não se deve esperar que as conquistas aconteçam sem combate e, mesmo que se obtenha vitória, ela se sustentará melhor se brandura e bravura estiverem juntas.

VIII

Na campanha de 1758, a posição do exército prussiano em Hohen Kirk, dominado pelas baterias do inimigo, que ocupava os pontos mais elevados, estava eminentemente errada. Frederico, no entanto, mesmo com sua retaguarda ameaçada pela tropa de Laudon, permaneceu seis dias acampado, sem procurar corrigir sua posição. Parecia não ver o real perigo que corria e o marechal Daun, tendo manobrado durante a noite para atacar ao amanhecer, pegou de surpresa os prussianos, fechando o cerco antes que eles pudessem se defender.

Mesmo assim, Frederico conseguiu uma retirada em boa ordem, mas perdeu dez mil soldados, muitos oficiais e quase toda a sua artilharia. Se o marechal Daun desse continuidade à vitória de forma mais audaciosa, o rei da Prússia nunca poderia ter reagrupado o seu exército. Naquela ocasião, para Frederico, a sorte compensou a imprudência.

O marechal de Saxe, no entanto, diz haver mais talento do que parece em cometer falhas quando se tem a arte de, no bom momento, transformá-las em acertos. Nada surpreende tanto o oponente. De fato, o inimigo conta com determinada ação, organiza-se para ela e, no momento do ataque, a presa escapa! Diz o marechal: "Devo repetir, nada desconcerta tanto o inimigo e o faz cometer tantos erros, pois disso resulta que, se ele não mudar suas disposições, será derrotado e, se mudá-las diante do adversário, também será."

Na minha opinião, um general que espere sucesso numa batalha, apoiando-se em tal principio, está mais perto da derrota do que da vitória, pois, se o adversário for habilidoso e tiver a tática em dia, vai acabar se recuperando dos erros cometidos e consertando-os.

IX

Diz Montecuccoli: "A rapidez é importante para disfarçar os movimentos de um exército, sem dar tempo para que a intenção do seu comando seja percebida." É vantajoso atacar o inimigo de surpresa, pegando-o despreparado e fazendo-o ouvir o trovão antes de ver o relâmpago. Entretanto, se a rapidez do deslocamento exaurir as tropas, enquanto, pelo contrário, a demora faz com que se perca o momento favorável, é preciso pesar vantagem e desvantagem, antes de escolher.

O marechal Villars observa que, na guerra, tudo depende da capacidade de enganar o inimigo e, feito isso, nunca se deve permitir que ele se refaça da surpresa. Villars uniu a prática ao preceito. Suas marchas audaciosas e rápidas quase sempre foram coroadas de sucesso.

Frederico achava que todas as guerras devem ser curtas e rápidas, pois uma guerra demorada pouco a pouco afrouxa a disciplina, despovoa o Estado e esgota seus recursos.

X

A campanha de 1814, na França, seguiu bem de perto esses princípios. Com um exército numericamente inferior e desmotivado, após as retiradas desastrosas de Moscou e Leipzig, e mais ainda pela presença do inimigo em seu território, Napoleão mesmo assim conseguiu compensar a grande desigualdade de forças pela rapidez e pela combinação dos seus movimentos. Com os sucessos obtidos em Champ-Albert, Montmirail, Montereau e Reims, ele deu novo ânimo ao exército francês. Os soldados recém-recrutados já demonstravam a constância da qual os regimentos mais antigos davam exemplo, mas a tomada de Paris e a surpreendente revolução que isso produziu obrigou Napoleão a depor as armas.

Tal resultado se deu mais por força das circunstâncias do que por absoluta necessidade, já que o imperador, levando o seu exército para o outro lado do rio Loire, teria facilmente feito a junção com os exércitos dos Alpes e dos Pirineus, para poder voltar ao campo de batalha à frente de cem mil homens. Isso certamente bastaria para restabelecer as chances da guerra a seu favor, ainda mais porque os exércitos dos soberanos aliados eram obrigados a manobrar em território francês, tendo todas as praças-fortes da Itália e da França na retaguarda.

XI

O exército austríaco, comandado pelo marechal-de-campo Alvinzi, estava dividido em dois corpos, que agiriam de forma independente até novamente se juntarem diante de Mântua. O primeiro desses corpos, com quarenta e cinco mil homens, estava sob as ordens do próprio Alvinzi e devia seguir por Monte Baldo, contra as posições ocupadas pelo exército francês no rio Ádige. O segundo, comandado pelo general Provéra, agiria no baixo Ádige, para livrar Mântua do cerco. Informado sobre as movimentações do inimigo, mas sem compreender muito bem o plano, Napoleão se limitou a concentrar suas forças e ordenar que se mantivessem em estado de alerta para manobrar. Novas informações o convenceram afinal de que o corpo chegando a Monte Baldo por La Coronna tentava se juntar às suas cavalaria e artilharia que, depois de atravessarem o Ádige em Dolce, se encaminhavam para o planalto de Rivoli pela estrada principal, passando por Incanole.

Napoleão imediatamente viu que, controlando aquele planalto, poderia impedir a junção e tirar partido disso. Movimentou então suas tropas e, às duas horas da manhã, ocupou aquela posição estratégica. Dominando o ponto previsto para a reunião das colunas austríacas, o sucesso não demorou. Ele rechaçou cada ataque, fez sete mil prisioneiros, confiscou vários estandartes e doze canhões. Às duas horas da tarde, a batalha de Rivoli já estava decidida a seu favor, quando ele soube que o general Provéra havia atravessado o Ádige em Anghiari, dirigindo-se a Mântua. Ele deixou a seus auxiliares diretos o encargo de perseguir Alvinzi em retirada, colocando-se à frente de uma divisão, para impedir o plano de Provéra.

Com marcha rápida, Napoleão conseguiu novamente tomar a ofensiva e impedir que a guarnição de Mântua se juntasse ao exército de socorro. A tropa encarregada do bloqueio à cidade, querendo se distinguir aos olhos do vencedor de Rivoli, forçou a guarnição a voltar à praça-forte, enquanto a divisão Victor, esquecendo o cansaço da marcha forçada, se lançou com entusiasmo contra a frente do exército de socorro. Ao mesmo tempo, um destacamento das linhas de Saint George pressionava o flanco dessa força austríaca e o corpo de Augereau, que havia perseguido a retirada de Alvinzi, atacava pela retaguarda. Provéra, cercado por todos os lados, capitulou. Essas duas batalhas custaram aos austríacos três mil mortos e feridos, vinte e dois mil prisioneiros, vinte e quatro estandartes e quarenta e seis canhões.

XII

Diz Montecuccoli: "A linha de comunicação de um exército deve ser confiável e bem estabelecida, pois toda força armada, agindo a partir de uma base distante, que não guardar essa linha perfeitamente aberta, se colocará à beira do precipício, preparando sua ruína, como uma infinidade de exemplos comprovam." De fato, se o caminho das provisões, das munições e dos reforços não for totalmente seguro, se o almoxarifado, o serviço médico, o arsenal e os lugares de abastecimento não forem fixos e de fácil abordagem, não só esse exército não conseguirá manter sua posição como também se exporá aos maiores perigos.

XIII

Quando um exército se desloca à distância do inimigo, é preciso que suas colunas estejam dispostas ao longo do caminho, para facilitar a passagem da artilharia e das bagagens. Ao se preparar para o combate, porém, os diferentes corpos devem formar colunas cerradas, em ordem de batalha. Os generais devem cuidar para que as colunas que atacarão em conjunto não se adiantem, umas com relação às outras, e se aproximem do campo de batalha mantendo entre elas o espaço necessário para poder agir.

Nesse sentido, dizia Frederico que "as marchas feitas para ir ao combate exigem todo cuidado". Por assim entender, ele recomendava a seus generais que estivessem sempre atentos e fizessem o reconhecimento do terreno a cada etapa, para maior segurança do avanço, ocupando as posições mais propícias a um ataque.

Em retirada, muitos generais acham que o exército deve concentrar suas forças e marchar em colunas cerradas, caso se sintam ainda suficientemente fortes para retomar a ofensiva. Torna-se assim mais fácil formar a linha de batalha, se uma ocasião favorável se apresentar, tanto para atrasar o inimigo, se houver uma expectativa de reforços, quanto para atacá-lo, se ele não estiver em posição de aceitar o confronto.

Foi o que aconteceu na retirada de Moreau, após a travessia do Adda pelo exército austro-russo. O general francês, depois de cobrir a evacuação de Milão, tomou posição entre o Pó e o Tanaro, com acampamento apoiando-se em Alexandria e Valencia, duas boas fortalezas. Estavam disponíveis também as estradas de Turim e de Savona, pelas quais ele poderia recuar se não conseguisse a junção com o corpo de exército de Macdonald, que recebera ordem para deixar o reino de Nápoles e se dirigir rapidamente à Toscana.

Forçado a abandonar sua posição após a insurreição do Piemonte e da Toscana, Moreau se retirou em Asti, onde soube que sua comunicação com o rio de Gênova tinha sido interrompida pela tomada de Ceva. Depois de várias tentativas fracassadas para tomar esse local, ele viu que, para se manter seguro, seria obrigado a se embrenhar na montanha.

Com esse objetivo, sua artilharia pesada e suas bagagens foram enviadas à França, pelo desfiladeiro de Fenestrelle, e ele abriu passagem pelo passo de São Bernardo, chegando a Loano com sua artilharia ligeira e o pouco material de campanha que tinha podido manter.

Com essa marcha inteligente, ele não só manteve comunicações com a França, como pôde observar os movimentos do exército de Nápoles e facilitar a junção, dirigindo toda sua força para os pontos favoráveis.

Macdonald, que tinha como única chance de sucesso manter a concentração do seu pequeno exército, não teve a mesma precaução e foi batido em três combates sucessivos, na travessia do Trebbia.

Pela lentidão da sua marcha, ele tornou inútil tudo que Moreau havia conseguido para unir os dois exércitos nas planícies do Pó, e o seu recuo, após um brilhante mas infrutífero esforço no Trebbia, levou ao fracasso as demais disposições de Moreau para ir em seu socorro. A falta de ação do marechal Suwarrow permitiu ao general francês, mesmo assim, completar a junção com o que sobrou do exército de Nápoles. Moreau concentrou então toda a sua força nos Apeninos, numa situação em que podia defender posições importantes na Ligúria, até o momento em que as alternâncias da guerra lhe permitissem retomar a ofensiva.

Depois de uma batalha decisiva, em que um exército perde sua artilharia e seus equipamentos, deixando com isso de poder assumir a ofensiva e até de impedir a perseguição inimiga, parece melhor dividir o que restou do seu efetivo em vários corpos, ordenando que, por estradas distintas, eles se dirijam à linha de operações, buscando as fortificações. É a única salvação, pois o inimigo, sem saber ao certo qual direção exatamente tomou o exército derrotado, de início fica na dúvida quanto a qual corpo perseguir, e é nesse momento de indecisão que se ganha uma marcha. Aliás, como os movimentos de um pequeno corpo são bem mais fáceis do que os de outro, mais pesado, essas linhas de marcha separadas favorecem muito o exército em retirada.

XIV

Durante a campanha de 1793, nos Alpes Marítimos, o exército francês, sob o comando do general Brunet, fez tudo o que pôde para conquistar os acampamentos de Raus e Fourches, com ataques de frente. Esses esforços inúteis serviram apenas para alimentar o ânimo dos piemonteses e dizimar a elite de granadeiros do exército republicano. As manobras com que Napoleão obrigou o inimigo a abandonar essas posições sem nem mesmo combater, em 1796, bastam para comprovar esses princípios e mostrar o quanto o sucesso da guerra depende do talento do general tanto quanto da coragem do soldado.

XV

Em 1645, o exército francês, comandado pelo príncipe de Condé, estava em marcha para sitiar Nordlingen, quando soube que o conde Merci, que comandava os bávaros, prevendo a manobra se concentrara numa forte posição que defendia Nordlingen ao mesmo tempo em que cobria Donawerth.

Apesar da posição privilegiada do inimigo, Condé ordenou o ataque e o combate foi terrível. Toda a infantaria do centro e da direita, depois de investidas bem-sucedidas, foi posta em debandada, apesar dos esforços da cavalaria e da reserva, que foram também arrastadas na fuga. A batalha estava perdida. Desesperado, sem contar mais com o centro e com a direita, Condé juntou o restante dos seus batalhões e dirigiu a marcha para a esquerda, onde Turenne ainda combatia. Essa perseverança trouxe de volta o ânimo das tropas, que romperam a ala direita do inimigo, e Turenne, com uma mudança da frente, dirigiu o ataque ao centro. O cair da noite também ajudou a audácia de Condé, e um corpo inteiro bávaro, acreditando ter sido isolado, se rendeu. A obstinação do general francês, nessa disputa pela vitória, foi recompensada pela conquista do campo de batalha, com grande número de prisioneiros e quase toda a artilharia inimiga. O exército bávaro bateu em retirada e, no dia seguinte, Nordlingen capitulou.

XVI

Foi sem considerar esse princípio que o marechal Villeroi, assumindo o comando do exército francês na Itália, em 1701, partiu de uma ideia equivocada e atacou o príncipe Eugênio da Savoia numa posição protegida de Chiavi, no Oglio. Seus generais franceses, inclusive Catinat, disseram se tratar de uma posição inexpugnável, mas Villeroi insistiu e o resultado da batalha, que nem seria tão importante, foi a perda da elite do exército francês. Não fossem os esforços de Catinat, os prejuízos seriam ainda maiores.

Desprezando o mesmo axioma, o príncipe de Condé, na campanha de 1644, fracassou em todos os ataques contra a posição protegida em que se encontrava o exército bávaro. O conde Merci, que o comandava, havia corretamente postado sua cavalaria na planície, apoiada em Freyberg, com a infantaria ocupando a montanha. Após várias tentativas infrutíferas, o príncipe de Condé, vendo a impossibilidade de deslocar o inimigo, começou a ameaçar suas comunicações, mas, assim que percebeu sua intenção, Merci levantou acampamento e recuou para além das Montanhas Negras.

XVII

A campanha dos exércitos francês e espanhol comandada pelo duque de Berwick contra os portugueses, em 1706, oferece uma boa lição nesse sentido. Os dois exércitos deram quase uma volta completa pela Espanha. A campanha teve início perto de Badajoz e, depois de manobras por toda Castela, terminou nos reinos de Valencia e Murcia. Ao longo dessa expedição, o duque de Berwick acampou seu exército oitenta e cinco vezes e, mesmo que tudo tenha se desenvolvido sem uma ação efetiva, ele fez cerca de dez mil prisioneiros inimigos.

O marechal Turenne igualmente realizou uma bela campanha de manobras contra o conde Montecuccoli, em 1675. O exército imperial tinha se preparado para atravessar o Reno em Estrasburgo. Turenne se apressou e, lançando uma ponte sobre o rio perto do vilarejo de Ottenheim, três léguas abaixo de Estrasburgo, ele atravessou o exército francês e acampou perto da cidadezinha de Vilstet, depois de ocupá-la. Essa posição cobria a ponte de Estrasburgo e, com isso, Turenne não permitiu que o inimigo se aproximasse da cidade.

Montecuccoli movimentou então todo o seu exército, ameaçando a ponte de Ottenheim, por onde os franceses recebiam suas provisões vindas da Alta Alsácia.

Assim que Turenne percebeu a intenção do inimigo, deixou um destacamento em Vilstet e, com toda a sua força, fez uma marcha rápida contra o vilarejo de Altenheim. Essa posição intermediária entre as duas pontes, que ele queria conservar, dava-lhe a vantagem de poder socorrer qualquer um daqueles pontos antes que o inimigo pudesse tomá-lo. Perdendo toda esperança de sucesso contra as pontes, Montecuccoli resolveu atravessar o Reno abaixo de Estrasburgo, voltando então à sua primeira posição em Offenburg. O marechal Turenne, que seguia os movimentos do exército austríaco, levou também o seu para Vilstet.

A tentativa do inimigo, no entanto, fez o general francês perceber o perigo a que expusera a sua ponte, e ele então aproximou-a mais de Estrasburgo, para diminuir a extensão do terreno que precisava defender.

Montecuccoli, tendo solicitado aos magistrados de Estrasburgo equipamento para poder também construir uma ponte, foi a Scherzheim para recebê-lo, mas Turenne uma vez mais frustrou seu projeto, tomando posição em Freistett, onde ocupou as ilhas do Reno e imediatamente levantou uma estacada.

Ao longo de toda essa campanha, Turenne conseguiu tomar a iniciativa à frente do inimigo, obrigando-o a seguir seus movimentos. Conseguiu também, com uma marcha rápida, isolar Montecuccoli da cidade de Offenburg, de onde vinham suas provisões. Ele teria certamente também impedido que o general austríaco reunisse às suas forças a de Caprara, se uma bala de canhão não desse fim à vida daquele grande homem.

XVIII

Em 1653, o marechal Turenne foi surpreendido pelo príncipe de Condé numa posição em que o seu exército parecia muito comprometido. Ele na verdade podia, batendo imediatamente em retirada, proteger-se do outro lado do rio Somme, que ele tinha como atravessar, na cidade de Péronne, a uma distância de apenas meia légua. Temendo porém a má influência que esse recuo podia ter sobre o ânimo do seu exército,

Turenne assumiu o risco e corajosamente avançou, com forças bem inferiores às do inimigo. Com uma légua de marcha, ele encontrou um terreno vantajoso e fez os preparativos para a batalha. Eram três horas da tarde, mas os espanhóis estavam muito cansados e hesitaram atacar. Durante a noite, Turenne protegeu melhor sua posição, fazendo com que o inimigo preferisse não correr riscos e se retirasse.

XIX

Analisando a primeira campanha de Napoleão na Itália, descobre-se o que a genialidade e a audácia podem acrescentar quando se trata de passar, com um exército, da defensiva à ofensiva. O exército dos aliados, comandado pelo general Beaulieu, tinha todo o necessário para se mostrar temível. Seu efetivo era de oitenta mil homens, apoiados por uma artilharia de duzentos canhões. Já o exército francês contava com apenas trinta mil homens e trinta canhões. Na alimentação, há algum tempo não se servia carne e até mesmo o pão era distribuído de forma irregular. A infantaria estava em andrajos e a cavalaria não dispunha de boa montaria. Todos os cavalos de tração haviam miseravelmente sucumbido e o serviço da artilharia era feito por mulas. Para remediar tantos males seria preciso muito dinheiro e não havia mais recursos, pois o governo havia disponibilizado apenas dois mil luíses em dinheiro vivo para abrir a campanha. O exército francês não duraria muito naquele estado e era indispensável avançar ou recuar. Consciente da necessidade de surpreender o inimigo desde o início com um golpe decisivo, Napoleão começou procurando reerguer o entusiasmo da tropa.

Em um discurso vigoroso, ele lembrou que apenas a morte inglória os esperava se continuassem na defensiva, sendo improvável vir ajuda da França, mas que tudo se podia esperar da vitória: "A abundância nos aguarda nas férteis planícies da Itália. Onde estão sua constância e sua coragem, soldados?" Napoleão, aproveitando o bom momento que sentiu ter inspirado, concentrou suas forças para se lançar em peso contra os diferentes destacamentos do inimigo. As batalhas de Montenotte, Milesimo e Mondovi só fizeram aumentar a confiança que o soldado já tinha em seu chefe, e aquele mesmo exército que poucos dias antes acampava entre rochedos estéreis, abatido e faminto, começou a se imaginar conquistando a Itália. Com um mês de campanha, Napoleão já havia terminado a guerra contra o rei da Sardenha e conquistado toda a região de Milão. A fartura no acampamento logo tirou da lembrança do soldado francês a miséria e o cansaço que acompanharam aquela marcha rápida, enquanto uma administração vigilante dos recursos das áreas conquistadas reorganizava o material do exército francês, criando o necessário para os êxitos futuros.

XX

Frederico às vezes mudava sua linha de operação em plena campanha, mas fez isso podendo fazê-lo, manobrando no centro da Alemanha, uma região de abundância, capaz de suprir às necessidades do seu exército, caso suas comunicações com a Prússia fossem bloqueadas.

O marechal Turenne, na campanha de 1746, igualmente abandonou sua linha de comunicação com os aliados. Assim como Frederico, ele também se encontrava no centro da Alemanha e, lançando-se com todas as suas forças sobre a região de Rain, tomou antes a precaução de estabelecer um depósito, a partir do qual pôde organizar sua base de operações. Depois disso, com uma série de manobras que juntavam audácia e talento, ele obrigou o exército imperial a abandonar seus almoxarifados e se retirar na Áustria para o período de inverno.

Contudo, é minha impressão que tais exemplos só devem ser seguidos quando se tem absoluta noção da capacidade do adversário e, principalmente, quando não há sinais de qualquer insurreição na região para a qual se transfere o campo da guerra.

XXI

É sobretudo em regiões montanhosas ou entrecortadas por bosques e pântanos que essa máxima ganha importância. De fato, nessas áreas os equipamentos e os comboios de material ficam frequentemente expostos em desfiladeiros, e o inimigo, com algumas manobras, consegue dispersar as escoltas ou inclusive atacar com sucesso um exército inteiro, quando obrigado a marchar em longas colunas por causa da natureza do terreno.

XXII

Frederico observou que, para confirmar a boa situação de um acampamento, podemos nos perguntar se, fazendo um pequeno movimento, forçamos o inimigo a fazer outro, maior; ou ainda se, obrigando-o a recuar uma marcha, podemos ainda forçá-lo a recuar mais.

Na guerra defensiva, os acampamentos precisam ter a frente e os lados entrincheirados, cuidando para que a retaguarda esteja perfeitamente livre. Se houver ameaça de que o inimigo o contorne, providências devem ser tomadas antes para buscar uma posição mais afastada, aproveitando as falhas que a ordem de marcha pode ocasionar na linha do inimigo, para atacar sua artilharia ou bagagens.

XXIII

Foi a manobra executada pelo general Desaix, em 1798, perto de Radstadt. Ele compensou a inferioridade numérica com a audácia, mantendo o dia inteiro sua posição, apesar dos fortes ataques do arquiduque Carlos. À noite, ele organizou sua retirada em ordem e assumiu nova posição, mais recuada.

Foi também seguindo esse princípio, na mesma campanha, que o general Moreau travou batalha em Biberach, para garantir sua retirada pelas gargantas das Montanhas Negras. Dias depois, ele travou nova batalha em Schliengen, com o mesmo objetivo. Em boa posição defensiva, ele ameaçou o arquiduque Carlos com uma repentina volta à ofensiva, enquanto sua artilharia e suas bagagens atravessavam o Reno pela ponte de Huningen, tendo ele tomado todas as medidas para se retirar em seguida, do outro lado do rio.

Acrescento, porém, que a execução de tais demonstrações ofensivas deve sempre ser deixada para o fim da tarde, para não nos comprometermos cedo demais num combate que não será possível sustentar por muito tempo.

A noite e a dúvida do inimigo, depois de algo assim, facilitarão a retirada, se ela for necessária. Para melhor disfarçar a operação, fogueiras podem ainda ser acesas ao longo das linhas, enganando o inimigo e fazendo com que ele não descubra a movimentação, pois é uma grande vantagem, numa retirada, ter uma marcha à frente de quem persegue.

XXIV

Na campanha de 1745, o marechal Turenne perdeu a batalha de Marienthal por não seguir esse principio. Se, em lugar de reunir suas divisões em Erbsthausen, ele tivesse feito isso em Mergentheim, do outro lado do Tauber, teria ganhado muito tempo e o conde Merci, em vez de encontrar apenas três mil homens a combater em Erbsthausen (sobre o que ele dispunha de boa informação), se depararia com todo o exército francês e numa posição coberta por um rio.

Alguém indiscretamente perguntou ao visconde Turenne como havia sido perdida a batalha de Marienthal e ele respondeu: "Por culpa minha." Em seguida, acrescentou: "Se um homem nunca cometeu um erro numa guerra, é porque não fez muitas."

XXV

Era essa a posição do exército francês na famosa batalha de Leipzig, que, de maneira tão funesta para Napoleão, terminou a campanha de 1813. Naquele momento da guerra, a vitória em Hanau já não tinha mais importância.

É minha impressão que, na situação em que se encontrava o exército francês antes da batalha de Leipzig, um general não podia contar com o sucesso de uma reviravolta ofensiva; devia, isso sim, utilizar todos os meios possíveis para garantir a retirada. Para tanto, teria que imediatamente procurar bons entrincheiramentos que lhe permitissem, apesar da inferioridade numérica, resistir ao ataque inimigo, enquanto seu equipamento atravessava o rio. À medida que as tropas chegassem à outra margem, elas ocupariam posições para proteger a passagem da tropa de retaguarda, que se teria firmado numa cabeça de ponte até que o exército evacuasse o acampamento. Nas guerras da Revolução, deu-se pouca importância aos entrincheiramentos, e por esse motivo grandes exércitos se dispersaram após um único revés, com o destino de nações comprometido por uma só batalha.

XXVI

Os austríacos perderam a batalha de Hohenlinden por não considerarem esse princípio. O exército imperial, comandado pelo arquiduque João, estava dividido em quatro colunas que deviam atravessar uma imensa floresta e se reagruparem na planície de Anzing, onde pretendiam surpreender os franceses. Sem comunicação direta, esses quatro corpos se viram obrigados a lutar isoladamente com o inimigo, que tomara a precaução de concentrar suas forças e podia deslocá-las com facilidade, numa região que conhecia bem.

Preso em passagens estreitas da floresta, com toda a sua artilharia pesada e bagagens, o exército austríaco foi atacado pelos flancos e pela retaguarda. Só com a ajuda da noite, o arquiduque João conseguiu reunir suas divisões dispersadas e rompidas. O ganho dessa vitória foi imenso para o exército francês, que somou onze mil prisioneiros, cem canhões, vários estandartes e toda a bagagem do inimigo. Os austríacos deixaram por volta de sete mil mortos no campo de batalha. A batalha de Hohenlinden selou o destino da campanha de 1800. Os brilhantes e meritórios sucessos de Moreau o colocaram entre os melhores generais daquela época.

XXVII

Uma grande vantagem que resulta da junção das colunas num ponto afastado do campo de batalha ou da posição anterior é a de causar incerteza no inimigo quanto à direção que desejamos tomar.

Se ele divide sua força para dar perseguição, expõe-se a ter seus destacamentos batidos isoladamente, sobretudo se tivermos feito tudo rápido e concluído a junção das tropas a tempo de penetrar entre suas colunas e sucessivamente dispersá-las.

Foi com uma manobra assim, na campanha da Itália, em 1799, que o general Melas venceu a batalha de Genola. O general Championet comandava o exército francês, esforçando-se para cortar a comunicação dos austríacos com Turim, empregando corpos que manobravam em separado para atacá-los pela retaguarda. Melas percebeu isso e fez uma marcha de recuo, dando a impressão de começar uma retirada, mas sua verdadeira intenção era concentrar suas forças no ponto de reunião dos diferentes destacamentos do exército francês, que ele derrotou e dispersou, um de cada vez, graças à sua grande superioridade numérica. O resultado dessa manobra, em que o general austríaco demonstrou vigor, decisão e previdência, lhe garantiu o controle tranquilo do Piemonte.

Foi também por não observar esse princípio que o general Beaulieu, que comandava o exército austro-sardo na campanha de 1796, perdeu a batalha de Milesimo, logo depois de ser derrotado em Montenotte.

Sua meta, tentando juntar seus diferentes corpos em Milesimo, era de controlar as rotas importantes de Turim e Milão, mas Napoleão, consciente do bom momento das suas tropas, entusiasmadas por recentes vitórias obtidas, atacou-o antes que ele pudesse reunir suas divisões e, com uma série de hábeis manobras, conseguiu separar os dois exércitos, que se retiraram totalmente desorganizados, um pela estada de Milão e outro pela de Turim.

XXVIII

Em 1796, o exército de Sambre e Meuse, comandado pelo general Jourdan, operou uma retirada, ainda mais difícil por ele ter, antes, perdido sua linha de comunicação. Entretanto, vendo que as forças do arquiduque Carlos estavam dispersas, Jourdan, querendo evacuar na direção de Frankfurt, resolveu abrir uma brecha por Wurtzburg, onde, naquele momento, se encontravam apenas duas divisões do exército austríaco. A iniciativa teria sucesso se o general francês, achando ter pela frente apenas duas divisões, não cometesse o erro de se separar da divisão Lefevre, que deixou em Schweinfurt para cobrir a única comunicação direta com a base de operações.

Esse primeiro erro — e certa lentidão no avanço do general francês — garantiram a vitória do arquiduque, que se apressara em juntar suas forças. No decorrer da batalha, a chegada das divisões de Kray e de Wartesleben fez com que ele dispusesse de cinquenta mil homens contra o exército francês, que mal contava com trinta mil. Os franceses foram então batidos e obrigados a continuar sua retirada nas montanhas de Fuldes, por caminhos difíceis, dentro da dificuldade geral da região.

A divisão Lefevre, que somava quatorze mil homens, provavelmente poderia ter feito a balança pesar favoravelmente a Jourdan, se ele não tivesse pensado que apenas duas divisões se opunham a seu avanço contra Wurtsburg.

XXIX

Acredito que seja útil lembrar que é prudente, antes da batalha, estabelecer um ponto de reunião para os diversos destacamentos, atrás da linha da reserva. De fato, circunstâncias imprevistas podem impedir a junção desses destacamentos antes de a ação propriamente começar, podendo ele se expor ao enfrentamento da massa das forças inimigas, caso seja necessário um movimento de recuo. É bom também fazer com que o inimigo não perceba esses reforços, para então usá-los de maneira ainda mais eficaz. Segundo Frederico, "um reforço inesperado ajuda o sucesso de uma batalha, pois o inimigo o imagina sempre maior e, com isso, desanima".

XXX

Por não ter observado esse princípio, Frederico foi derrotado em Kollin na primeira campanha de 1757. Apesar de grande demonstração de bravura, os prussianos perderam quinze mil homens e grande parte da sua artilharia, enquanto a perda dos austríacos não passou dos cinco mil homens. A consequência dessa batalha foi mais desastrosa ainda, pois obrigou o rei da Prússia a desistir do cerco de Praga e deixar a Boêmia.

Foi também com uma marcha de flanco diante do exército prussiano que os franceses perderam vergonhosamente a batalha de Rosbach. Esse movimento imprudente mostrou-se ainda mais criticável uma vez que o príncipe de Soubise, que comandava o exército francês, foi leviano a ponto de manobrar na presença do inimigo, sem tropas de frente nem de flanco. Como resultado, o seu exército de cinquenta mil homens foi derrotado por seis batalhões e trinta esquadrões. Os franceses perderam sete mil homens, vinte e sete estandartes e um grande número de canhões. Os prussianos tiveram apenas trezentos homens fora de combate.

Assim, por esquecer o princípio de nunca fazer uma marcha de flanco diante de um inimigo em linha de batalha, Frederico perdeu seu exército em Kollin e Soubise, em Rosbach, perdeu seu exército e sua honra.

XXXI

"Deve-se estar na guerra sem nada deixar ao acaso", disse o marechal de Saxe, e é nisso sobretudo que se reconhece o talento de um general. Depois de assumido o risco da batalha, contudo, é preciso aproveitar a vitória, sem se limitar à simples posse do território, como é comum.

Por não dar continuidade ao sucesso inicial, o exército austríaco foi obrigado a abandonar toda a Itália um dia depois de ganhar o campo de Marengo.

O general Melas, vendo os franceses em retirada, deixou o comando do seu exército com o chefe do estado-maior e se retirou em Alexandria para descansar. O coronel Zach, convencido, como seu superior, de que o exército francês estava completamente batido e contando apenas com fugitivos, formou suas divisões em colunas de marcha, dispondo-se então a começar seu avanço vitorioso com uma formação de pelo menos três milhas de comprimento.

Por volta das quatro horas, o general Desaix se juntou com sua divisão ao exército francês. Sua presença de certa maneira restabeleceu o equilíbrio das forças. Mesmo assim Napoleão hesitou um pouco em retomar a ofensiva ou utilizar esse reforço para garantir a retirada. O entusiasmo das tropas em voltar à carga afastou sua indecisão. Ele rapidamente cavalgou diante das divisões e gritou aos soldados: "Chega de recuar por hoje, vocês bem sabem que sempre durmo no campo de batalha!"

O exército unanimemente aprovou aos brados sua decisão e a ofensiva foi retomada. A frente austríaca entrou em pânico ao ver um corpo formidável e ininterrupto de repente se apresentar onde pouco antes parecia haver apenas fugitivos e deu meia volta, causando confusão na massa das tropas. Atacado logo em seguida, de frente e pelos lados, foi geral a debandada.

O marechal Daun passou mais ou menos pela mesma experiência que o general Melas, na batalha de Torgau, na campanha de 1760. Era excelente a situação do exército austríaco, tendo a esquerda apoiada no Torgau, a direita no planalto de Siptitz e a frente coberta por um grande lago.

Frederico resolveu contornar pela direita para atacar pela retaguarda e dividiu seu exército em dois corpos. Um deles, sob as ordens de Ziethen, devia atacar pela frente, seguindo a margem da água, e o outro, que ele próprio comandava, avançou pela direita dos austríacos. Percebendo a movimentação do inimigo, o marechal Daun mudou sua frente com uma contramarcha e pôde repelir os ataques de Frederico, obrigando-o à retirada. Os dois corpos do exército prussiano agiam sem comunicação e Ziethen, ouvindo os estampidos recuarem, concluiu que o rei tinha sido derrotado e deu início a uma movimentação por sua esquerda, para ir socorrê-lo. Entretanto, o general prussiano preferiu afinal aproveitar o reforço de cinco batalhões da reserva para retomar a ofensiva. Com um ataque impetuoso, ele conquistou o planalto de Siptitz e logo em seguida todo o campo de batalha. O sol já se punha quando o rei da Prússia recebeu a notícia daquela inesperada reviravolta. Voltou às pressas, aproveitou a noite para restabelecer a ordem em seu exército desorganizado e, no dia seguinte, ocupou Torgau.

O marechal Daun já recebia parabéns pela vitória, quando soube que os prussianos haviam voltado à ofensiva. Ele imediatamente ordenou retirada e, ao amanhecer, seu exército atravessou o Elba, tendo perdido doze mil homens, oito mil prisioneiros e quarenta e cinco canhões.

Depois da batalha de Marengo, o general Melas, apesar de ainda ter o controle de suas fortificações e seus depósitos, foi obrigado a tudo abandonar para salvar os restos do seu exército.

O general Mack capitulou depois da batalha de Ulm, apesar de estar no centro do seu país, e também os prussianos, depois da batalha de Iéna, mesmo tendo à mão os seus depósitos e reservas, assim como os franceses depois de Waterloo.

Disso podemos concluir que o pior, depois da perda de uma batalha, não é tanto a destruição da tropa e do material, mas o desânimo consequente ao desastre. A coragem e a confiança dos vencedores aumentam à medida que decrescem as dos vencidos. Quaisquer que sejam os recursos de um exército, uma retirada rapidamente degenera em derrocada, a menos que o comandante-chefe consiga, combinando audácia, habilidade e perseverança, restaurar o ânimo das suas tropas.

XXXII

Frederico achava que uma frente deve ser composta de destacamentos de todas as armas. Seu comandante deve ter capacidade para a escolha do terreno e ser imediatamente informado, por meio de inúmeras patrulhas, de tudo o que acontece no lado inimigo.

Em guerra, não cabe à frente travar combate, e sim observar o inimigo, para cobrir os movimentos do exército. Perseguindo uma tropa em retirada, a frente pode ir à carga com firmeza e tentar envolver as bagagens e os corpos isolados do inimigo. Nesse momento, toda a cavalaria ligeira disponível deve reforçá-la.

XXXIII

Nada atrapalha tanto a marcha de um exército quanto o excesso de bagagem. Na campanha de 1796, Napoleão abandonou seu equipamento de sítio sob as muralhas de Mântua, depois de inutilizar os canhões e seus respectivos carros. Com tal sacrifício, ele obteve mais agilidade para manobrar com rapidez seu pequeno exército, recuperou a iniciativa ofensiva e até mesmo a superioridade numérica sobre as forças maiores, mas divididas, do marechal Wurmser.

Em 1799, por ocasião da sua retirada na Itália, o general Moreau, obrigado a manobrar nas montanhas, preferiu se separar inteiramente da sua artilharia de reserva, que ele enviou à França pela garganta de Fenestrelle, para não ter sua marcha prejudicada por essa parte do equipamento.

São exemplos que devemos seguir, pois, se com a rapidez da marcha e melhor concentração das forças em pontos decisivos, obtém-se a vitória, o material em seguida se restabelece. Se, pelo contrário, vem a derrota e a necessidade de uma retirada, será difícil, de qualquer forma, salvar os equipamentos, sendo melhor então tê-los abandonado antes, para não aumentar ainda mais a quantidade de troféus do inimigo.

XXXIV

Na campanha de 1757, o príncipe de Lorraine, que cobria Praga à frente do exército austríaco, viu que os prussianos pretendiam, com uma movimentação de flanco, sufocar sua ala direita. Ele imediatamente ordenou à infantaria dessa ala uma mudança parcial de frente, para que formasse um ângulo reto com o resto da linha. A manobra não deixou de produzir certa desordem e, além disso, foi executada diante do inimigo. As frentes de colunas marcharam rápido demais, se alongaram e, quando formaram à direita, deixaram um espaço grande junto ao ângulo. Notando o erro, Frederico logo se aproveitou e ordenou ao corpo do centro, comandado pelo duque de Bevern, que se lançasse nessa abertura, o que decidiu o desenrolar da batalha a seu favor.

O príncipe de Lorraine voltou a Praga derrotado e perseguido de perto, depois de perder dezesseis mil homens e duzentos canhões.

Deve-se, no entanto, observar que essa operação de lançar um corpo nas brechas abertas por um exército só deve ser tentada se as forças forem no mínimo equilibradas e se houver a possibilidade de sufocar um dos flancos do inimigo, pois somente assim será possível isolar o exército do seu centro e combater em separado as duas alas. Em número inferior, corremos o risco de um ataque da reserva e de sermos, em seguida, esmagados pelas alas do inimigo, que poderão se abrir e envolver nossos flancos.

Foi com uma manobra assim que o duque de Berwick venceu a batalha de Almanza, em 1707, na Espanha.

O exército anglo-português, sob o comando de lorde Galloway, sitiou Villena, mas o marechal Berwick, que comandava o exército franco-espanhol, deixou seu acampamento de Montalegre para prestar ajuda à cidade. Quando ele se aproximou, o general inglês, para quem pareceu vantajoso travar logo batalha, avançou e foi esperá-lo nas planícies de Almanza. A batalha ficou por bastante tempo indecisa, mas a primeira linha do corpo comandado pelo duque de Popoli foi rompida e o cavaleiro de Asfeld, que comandava a segunda, dispôs seu efetivo com algumas brechas. Quando os ingleses que perseguiam a primeira linha chegaram a essa reserva, ele aproveitou a desordem que reinava para atacar de flanco, vencendo-os de maneira clara.

O marechal Berwick, vendo o resultado dessa manobra, abriu sua frente e se estendeu sobre os flancos do inimigo, enquanto a reserva sustentava o ataque na frente e a cavalaria manobrava na retaguarda. O sucesso foi completo.

Lorde Galloway, ferido e perseguido, com dificuldade juntou o que restava do seu exército e se refugiou em Tortosa.

XXXV

Em 1813, na batalha de Dresde, a posição dos aliados, apesar de estrategicamente vantajosa, na margem esquerda do Elba, tinha um sério defeito, pois era cortada longitudinalmente por um barranco profundo que deixava a ala esquerda completamente isolada do centro e da direita. Essa disposição problemática não escapou do olhar penetrante de Napoleão, que imediatamente encaminhou toda a sua cavalaria e dois corpos de infantaria contra essa ala isolada, atacando-a com forças superiores, vencendo-a e fazendo dez mil prisioneiros, antes que ela pudesse ser socorrida.

XXXVI

Quando se ocupa uma cidade ou aldeia à margem de um rio, do lado oposto àquele em que se encontra o inimigo, é interessante torná-la ponto de travessia, pois assim é mais fácil cobrir o almoxarifado e a reserva de artilharia, além de disfarçar os trabalhos de construção da ponte. É também muito vantajoso atravessar um rio defronte uma localidade que esteja fracamente ocupada pelo inimigo, pois tão logo a frente chega ali, pode tomar essa localidade, se instalar e, com algumas obras defensivas, transformar o local em cabeça de ponte. Com isso garante-se ao restante do exército uma travessia facilitada.

XXXVII

Frederico observa que "a travessia dos grandes rios na presença do inimigo é uma das operações mais delicadas da guerra". Nessas ocasiões, o sucesso depende do segredo, da rapidez das manobras e da execução pontual das ordens dadas para os movimentos de cada divisão. Para superar semelhante obstáculo na presença de um inimigo, e sem que ele se dê conta, é preciso não só que as disposições precedentes tenham sido bem concebidas, mas que também sejam executadas em ordem.

Na campanha de 1705, o príncipe Eugênio da Savoia, querendo prestar socorro ao príncipe do Piemonte, procurou um ponto favorável para forçar a passagem do Adda, na época defendido pelo exército francês, sob o comando do duque de Vendôme.

Depois de identificar um ponto vantajoso, o príncipe Eugênio estabeleceu uma bateria de vinte canhões, numa posição que dominava toda a margem oposta, e protegeu sua infantaria com uma linha de trincheiras paralelas, abertas no declive da margem.

A construção da ponte já estava adiantada, quando o duque de Vendôme surgiu com seu exército e, de início, pareceu querer se opor à sua conclusão, mas, depois de examinar a posição do príncipe Eugênio, julgou a ação muito arriscada.

Preferiu então pôr seu exército fora de alcance das baterias inimigas, apoiando suas duas alas no rio, de maneira a formar um arco do qual o Adda era a corda. Ele em seguida protegeu sua posição com trincheiras e pedaços de árvores, podendo então fazer carga contra as colunas inimigas toda vez que elas apareciam na ponte. Reconhecendo a boa situação dos franceses, Eugênio considerou impossível a travessia e, à noite, levantou acampamento, depois de recolher a ponte.

Foi com manobra semelhante que, na campanha de 1809, o arquiduque Carlos forçou os franceses a voltarem à ilha de Lobau, depois de terem chegado à margem esquerda do Danúbio. A marcha do arquiduque era totalmente concêntrica. Ele ameaçava Grosaspen com sua direita, Esling com o centro e Ensersdorf com sua esquerda. Seu exército, com as duas alas apoiadas no Danúbio, formava um semicírculo em torno de Esling. Napoleão imediatamente atacou e rompeu o centro dos austríacos, mas, depois de forçar a primeira linha deles, foi parado pela reserva. Enquanto isso, as pontes sobre o Danúbio tinham sido destruídas e vários dos seus corpos, com a artilharia, continuavam na margem direita. Essa decepção e a posição favorável dos austríacos decidiram Napoleão a voltar à ilha de Lobau, que apresentava todas as vantagens de um acampamento bem entrincheirado e onde ele havia anteriormente construído várias peças de campanha.

XXXVIII

Pode-se aqui observar que essa posição intermediária deve ser previamente reconhecida ou bem entrincheirada, pois o inimigo assim não poderá atacar o corpo envolvido no cerco enquanto não derrotar o exército de observação que, no abrigo do acampamento, pode esperar a ocasião propícia para investir contra ele pelo flanco ou pela retaguarda.

Além disso, o exército assim entrincheirado tem a vantagem de estar concentrado, enquanto o do inimigo precisa agir por destacamentos se quiser proteger sua ponte e vigiar os movimentos da força de observação, para poder investir contra o exército sitiante sem se expor a ser atacado pela retaguarda nem ameaçado de perder a ponte.

XXXIX

O marechal de Saxe, em sua campanha de 1741, depois de atravessar o Moldau perseguindo um destacamento de quatorze mil homens que tinha vindo atacar Praga, deixou mil soldados naquele rio, com a ordem de se entrincheirarem num relevo à frente da cabeça de ponte. Com essa precaução, ele garantia a retirada e também a possibilidade de atravessar de volta a ponte sem desordem, reunindo suas divisões entre esse ponto mais alto e a cabeça de ponte. Desconhecem esses exemplos os generais dos tempos atuais, ou acham tais precauções desnecessárias?

XL

O brilhante sucesso dos exércitos aliados na campanha de 1814 deu a muitos militares uma falsa ideia do real valor das fortificações.

As tremendas massas de soldados que atravessaram o Reno e os Alpes naquele período permitiram a formação dos inúmeros destacamentos que bloquearam as praças fortes ao longo das fronteiras da França, sem que o exército marchando contra a capital perdesse sua superioridade numérica. Esse exército pôde então agir sem temer ameaça à sua linha de retirada. Em nenhum outro momento da história militar as forças da Europa tinham se unido tanto, animadas por uma mesma ideia e para a realização de um mesmo objetivo. Nessas circunstâncias, a linha de fortificações que cerca a França deixou de ser eficaz, mas seria muito imprudente daí concluir que uma fronteira guardada por muitas fortificações possa ser impunemente atravessada ou que batalhas possam ser travadas sem que essas fortalezas tenham sido sitiadas ou pelo menos atacadas por forças suficientes.

XLI

"Quando damos início a um cerco não devemos necessariamente nos colocar diante da parte mais fraca da fortaleza, mas no ponto mais favorável para estabelecer uma base e executar o que planejamos", diz Montecuccoli.

O duque de Berwick havia compreendido muito bem essa máxima e, enviado para organizar o cerco de Nice em 1706, preferiu atacar pelo lado de Montalban, contrariando os conselhos de Vauban e até mesmo as ordens do rei. Tendo à sua disposição um exército muito limitado numericamente, ele começou tornando seguro seu acampamento. Mandou construir pequenas fortificações nas partes mais elevadas que fechavam o espaço entre o Var e o Paillon, dois rios em que se apoiavam os seus flancos. Com isso, ele se protegeu de uma eventual surpresa, pois o duque de Savoia poderia surgir bruscamente pela garganta de Tende e o general teria que juntar suas forças para rapidamente se deslocar e poder enfrentar o inimigo, antes que ele se pusesse em posição de batalha.

De outra forma, sua inferioridade em número o obrigaria a levantar o cerco.

Quando o marechal de Saxe sitiou Bruxelas com apenas vinte e oito mil homens, contra uma guarnição de doze mil, soube que o príncipe de Waldeck juntava suas forças para ir contra o cerco. Não dispondo de efetivo suficiente para um exército de observação, o marechal identificou um campo de batalha no riacho Voluve e fez o necessário para poder chegar até ali, caso o inimigo se aproximasse. Com isso, ele pôde esperar o adversário sem interromper as operações de sítio.

XLII

No cerco de Mons, em 1691, o príncipe de Orange reuniu seu exército e avançou até Notre Dame de Halle, dando a impressão de ir prestar socorro àquela praça. Luís XIV, que comandava pessoalmente o cerco, convocou um conselho de guerra para deliberar sobre a possível aproximação do príncipe de Orange. A opinião do marechal de Luxembourg, que afinal prevaleceu, foi de que deviam se manter dentro dos limites da circunvalação.

O marechal estabeleceu como princípio que um exército que faz um cerco, não sendo suficientemente forte para defender toda a extensão da circunvalação, deve deixar suas linhas e avançar contra o inimigo, mas se for, e o bastante para acampar em duas linhas ao redor do ponto sitiado, é melhor aproveitar o bom entrincheiramento de que dispõe — ainda mais porque assim não interrompe o cerco.

Em 1658, o marechal Turenne sitiava Dunkerque e havia já aberto trincheiras quando o exército espanhol, sob as ordens de Don Juan, Condé e Hocquincourt, surgiu e tomou posição em Dunes, a uma légua das suas linhas. Turenne tinha superioridade numérica e outras vantagens ainda, mas resolveu deixar suas trincheiras. O inimigo não contava com artilharia e a superioridade da sua cavalaria não os favorecia tanto, pelas características do terreno. O principal era então derrotar o exército espanhol antes que ele pudesse se estabelecer e montar sua artilharia. A vitória ali obtida pelos franceses comprovou todas as combinações do marechal Turenne.

Quando o marechal Berwick sitiou Philipsburg, em 1733, tinha porque acreditar que o príncipe de Savoia o atacaria antes do final do cerco com todas as forças do império. Depois então de dispor as tropas voltadas ao cerco propriamente, ele formou, com o restante do seu exército, um corpo de observação para enfrentar o príncipe Eugênio num eventual ataque às suas linhas ou com algum chamariz que o distraísse, no Moselle ou no alto Reno. O príncipe Eugênio afinal tomou a direção do exército sitiante, e alguns oficiais de Berwick acharam melhor não esperar o inimigo ali, preferindo avançar e atacá-lo.

Como o duque de Luxembourg, porém, o marechal acreditava que um exército ocupando bons entrincheiramentos não pode ser forçado e insistiu em se manter dentro das suas linhas. A sequência comprovou ser esta também a opinião do príncipe Eugênio, que não ousou atacar as trincheiras, coisa que não teria deixado de fazer se houvesse a menor esperança de sucesso.

XLIII

"Em inferioridade numérica, os entrincheiramentos em nada nos servem, pois o inimigo colocará todas as suas forças em ação contra determinados pontos. Com forças iguais, as trincheiras também perdem utilidade. Se estivermos em maior número, elas são desnecessárias. Por que então cavá-las?", dizia o marechal de Saxe. Apesar dessa opinião sobre a inutilidade das trincheiras, o marechal de Saxe frequentemente as usou.

Em 1797, os generais Provéra e Hohenzollern, vindos levantar o cerco de Mântua, onde resistia o marechal Wurmser, foram parados pelas linhas de contravalação de Saint Georges. Esse fraco obstáculo bastou para que Napoleão tivesse tempo de chegar de Rivoli e fazer fracassar o projeto dos generais austríacos. Foi por não se entrincheirarem que os franceses tinham sido obrigados a levantar o cerco na campanha anterior.

XLIV

Alguns batalhões espalhados em torno de uma cidade não inspiram tanto medo, mas ganham imponência se limitados ao âmbito mais estreito de uma cidadela. Por esse motivo, parece-me sempre necessário, não só nas praças de guerra, mas sempre que há enfermarias ou depósitos de qualquer coisa que seja. Não havendo uma cidadela, deve-se escolher um trecho da cidade mais favorável à defesa e protegê-lo de maneira a opor a maior resistência possível.

XLV

Em 1705, os franceses, sitiados em Haguenau pelo conde Thungen, se viram diante da impossibilidade de resistir ao assalto. O governador da fortaleza, Peri, depois de se distinguir por uma defesa ardorosa, perdendo as esperanças de obter uma capitulação sem cair como prisioneiro de guerra, resolveu sair para tentar abrir passagem, de armas em punho.

Para disfarçar sua intenção, enganar o inimigo e também sondar a disposição de seus subalternos, ele reuniu um conselho e declarou sua decisão de morrer tentando abrir uma brecha. Em seguida, a pretexto da situação extrema em que se encontravam, colocou toda a sua tropa de prontidão e, deixando apenas alguns atiradores de elite para dar cobertura, ordenou que a guarnição se pusesse em marcha e em silêncio, deixando Haguenau em plena noite. Essa audaciosa iniciativa foi coroada de êxito e Peri chegou a Saverne sem sofrer baixa alguma.

Dois belos exemplos posteriores de defesa foram os de Masséna em Gênova e de Palafox em Zaragoza.

O primeiro manteve armas e bagagem, conquistando todas as honras da guerra, depois de rejeitar as intimações para que se rendesse, até que a fome o obrigasse a capitular.

O segundo só se rendeu depois de ver toda sua guarnição enterrada nos escombros da cidade, da qual ele defendeu cada casa, até que a fome e a morte não lhe deixassem outra escolha senão a rendição. Esse cerco, igualmente digno por parte dos franceses e dos espanhóis, é um dos mais memoráveis de toda a história da guerra. Ao longo de todo o episódio, Palafox demonstrou tudo o que a coragem e a obstinação podem oferecer na defesa de uma fortaleza.

A verdadeira força está na vontade e por isso creio que, ao escolher o governador de uma praça-forte, deve-se considerar mais sua personalidade do que o talento tático. As qualidades mais essenciais, nesse caso, são a bravura, a perseverança e a dedicação militar. O governador deve ser capaz não só de incutir coragem na guarnição, mas também de suscitar um espírito de resistência em toda a população. Onde isso falta, por maior que seja a arte para multiplicar as defesas de um local, a guarnição será levada a capitular depois do primeiro ou no máximo do segundo assalto.

XLVI

O marechal Villars muito bem observou que governador nenhum de uma praça de guerra deve dar como desculpa para sua capitulação ter querido preservar as tropas do rei. Uma guarnição que dê provas de coragem nunca será prisioneira de guerra, pois general nenhum, mesmo que tenha certeza de poder conquistar uma praça por assalto, deixa de ceder a capitulação, para não correr o risco de perder mil homens, forçando a rendição de uma guarnição obstinada.

XLVII

"Um general deve cuidar com toda a atenção da tranquilidade dos seus estacionamentos, para que o soldado esteja livre de qualquer preocupação e descanse em segurança", disse Frederico. Nesse sentido, é preciso tudo dispor para que as tropas possam rapidamente entrar em formação, num terreno já previamente reconhecido. Os generais, por sua vez, devem estar sempre com as suas divisões ou brigadas, cuidando para que todo o serviço se faça com exatidão.

Na opinião do marechal de Saxe, um exército não deve ser forçado a deixar apressadamente seus estacionamentos, podendo esperar que o inimigo repouse menos das suas marchas, para atacá-lo com tropas descansadas, no momento em que ele está exausto.

Pessoalmente, acho perigoso manter essa opinião como máxima, pois são muitas as ocasiões em que a vantagem se encontra na iniciativa, sobretudo quando o inimigo é forçado a estender seus estacionamentos por falta de subsistência, e for possível atacá-lo sem que ele tenha tido tempo de concentrar suas forças.

XLVIII

Na minha opinião, se as circunstâncias exigirem que uma linha de infantaria se componha em quadrado, essa formação em duas fileiras será leve demais para resistir ao choque da cavalaria. Por mais inútil que possa parecer a terceira fileira para os tiros, ela é mesmo assim necessária para substituir os homens que caem nas fileiras da frente, ou nos veremos obrigados a cerrar as fileiras, abrindo intervalos entre as companhias, falha que a cavalaria não deixará de aproveitar. Parece-me também que se a infantaria formar em duas fileiras, as colunas vão se prolongar muito numa marcha pelo flanco. Atrás dos entrincheiramentos, se parecer vantajoso colocar a infantaria em duas fileiras, a terceira deve ser deixada na reserva e avançada para substituir a primeira quando ela estiver cansada e os seus disparos estiverem perdendo intensidade. Faço essas observações por ter lido um excelente folheto, intitulado *Da infantaria*, que propõe a formação em duas fileiras como sendo a melhor. O autor apoia sua opinião numa quantidade de motivos plausíveis, mas que parecem insuficientes para fazer frente às objeções que podem ser formuladas contra essa prática.

XLIX

Era também a opinião do marechal de Saxe: "O ponto fraco desse tipo de formação já basta para alarmar os pelotões de infantaria, que ficam perdidos se a cavalaria for batida. Também a cavalaria, que depende do socorro da infantaria, se perdê-la de vista quando fizer um movimento rápido, se sentirá desnorteada." O marechal Turenne e os generais do seu tempo às vezes empregavam esse tipo de formação, mas isso não justifica, a meu ver, que um autor moderno o recomende, como num ensaio intitulado

Considerações sobre a arte da guerra. De fato, essa formação foi há muito tempo abandonada e, desde a introdução da artilharia ligeira, parece-me quase ridículo ainda propô-la.

L

O arquiduque Carlos, referindo-se à cavalaria, recomenda que ela esteja em massa no ponto decisivo, no momento da sua utilização, isto é, quando puder atacar com certeza de ser bem-sucedida. Como sua rapidez de movimentação permite uma ação sobre toda a linha no mesmo dia, o general que a comanda deve, na medida do possível, mantê-la compacta, evitando a divisão em diversos destacamentos. Quando a natureza do terreno permite a utilização da cavalaria em todos os pontos da linha, é aconselhável formá-la em coluna por trás da infantaria e para que possa ser facilmente deslocada para qualquer ponto em que sua presença for necessária. Se tiver que cobrir determinada posição, a cavalaria deve ser posicionada em recuo suficiente para poder investir a galope contra tropas que queiram atacar essa posição. Se estiver encarregada de cobrir o flanco da infantaria, pela mesma razão, deve estar na sua retaguarda. Sendo puramente ofensiva a função da cavalaria, a regra a se seguir é de que ela forme à distância suficiente para que possa ser acionada e chegue ao ponto de choque em sua velocidade máxima. No que se refere à reserva da cavalaria, ela só deve ser empregada no final da batalha, seja para tornar mais decisiva a vitória, seja para cobrir a retirada. Napoleão observa que, na batalha de Waterloo, a cavalaria da guarda, que formava a reserva, foi acionada sem ordem sua. Ele lamenta esse fato por ter com isso perdido, desde as cinco horas, o apoio dessa reserva que, bem utilizada, tantas vezes lhe assegurara a vitória.

LI

Vitorioso ou derrotado, é sempre muito vantajoso ter esquadrões de cavalaria em reserva, seja para aproveitar melhor a vitória, seja para garantir a retirada. As batalhas mais decisivas perdem a metade da sua importância quando falta cavalaria para que o vencedor dê prosseguimento e impeça o adversário de se reorganizar.

Quando se persegue um exército em retirada, é sobretudo pelos flancos que a cavalaria deve investir, se ela for suficiente para cortar a fuga.

LII

A artilharia ligeira foi uma invenção de Frederico. A Áustria não demorou a copiar a ideia, mas não com perfeição. Apenas em 1792 essa arma foi adotada pela França, que rapidamente a levou à sua atual excelência.

Seus serviços durante as guerras da Revolução foram imensos. Pode-se dizer que ela de certa maneira mudou as características da tática de guerra, pois, pela mobilidade que tem, pode rapidamente ir a todos os pontos em que a utilização da artilharia é decisiva.

Em suas *Memórias*, Napoleão observou que uma bateria que faz o inimigo se espraiar e o ataca obliquamente pode, sozinha, garantir uma vitória. A isso podemos acrescentar que, além das vantagens que a cavalaria obtém com a artilharia ligeira para garantir seus flancos e, pelo poder destruidor do seu fogo, abrir caminho, para uma carga bem-sucedida é aconselhável que essas duas armas estejam sempre juntas e aptas a atacar os pontos em que possa ser necessário estabelecer baterias. Nessas ocasiões, a cavalaria disfarça o avanço da artilharia e protege seu posicionamento, cobrindo-a do ataque inimigo até que ela esteja pronta para abrir fogo.

LIII

Quanto melhor for a infantaria, maior será a importância do apoio da artilharia à sua preservação.

É igualmente essencial que as baterias vinculadas às divisões avancem com elas, pois isso tem boa influência moral sobre os soldados, que se sentem mais confiantes no ataque vendo os flancos da sua coluna bem cobertos pelos canhões.

A reserva da artilharia deve ser empregada em momentos decisivos e em peso, pois será difícil que o inimigo assim possa querer atacá-la. Não há como uma bateria de sessenta canhões ser devastada por uma carga de infantaria ou de cavalaria, a não ser que esteja totalmente sem suporte e podendo ser facilmente contornada.

LIV

A bateria de dezoito canhões que cobria o centro do exército russo na batalha de Moskwa (Borodino) pode ser citada como exemplo. Sua posição, sobre uma colina arredondada que dominava o campo de batalha em todos os sentidos, garantia-lhe tanta força, que apenas seus tiros bastaram, por um tempo considerável, para neutralizar o forte ataque dos franceses contra a sua direita. Duas vezes rompido, o lado esquerdo do exército russo girou em torno dessa bateria e pôde voltar à posição inicial. Após repetidos ataques extremamente duros, a bateria foi afinal dominada pelos franceses, mas depois de eles terem perdido a elite do exército e os generais Caulincourt e Montbrun. Essa conquista fez a esquerda dos russos recuar.

Posso ainda citar o exemplo do terrível efeito provocado pelos cem canhões da guarda que o general Lauriston comandou, na batalha de Wagram, contra a direita do exército austríaco, na campanha de 1809.

LV

Uma grande vantagem resultante do fato de estar o exército em acampamento é que se torna mais fácil controlar seu estado de espírito e manter a disciplina. O soldado em estacionamento se entrega satisfeito ao descanso, acaba tendo prazer no ócio e perde a vontade de voltar à campanha. No acampamento, acontece o contrário: a sensação de tédio e a disciplina mais severa o deixam ansioso para voltar à campanha e quebrar a monotonia do serviço com a variedade da ação. Além disso, um exército acampado está muito mais ao abrigo de surpresas do que em estacionamentos, cujo defeito é quase sempre o de ocupar uma extensão grande demais de terreno.

O marquês de Feuquière aconselhava, diante da necessidade de estacionar, que se escolhesse um local à frente da linha, onde as tropas pudessem ser frequentemente reunidas, seja de surpresa, para manter a atenção, seja apenas para juntar os diferentes corpos.

LVI

Essa observação me parece menos aplicável aos oficiais do que aos soldados, pois, não sendo a guerra o estado natural do homem, é preciso que os indivíduos que defendem a sua causa sejam levados a isso por algum tipo de paixão. São necessários um grande entusiasmo e muita dedicação a seu general para que um exército cumpra grandes ações numa guerra que não o interessa. Isso amplamente se comprova pela apatia das tropas, quando não estimuladas pela atitude do chefe.

LVII

É incontestável, sobretudo para um exército que deva combater dentro do sistema moderno de guerra, em que a ordem, a precisão e a rapidez dos movimentos são os principais elementos para a vitória.

LVIII

Essa qualidade vale tanto para o jovem recruta quanto para o veterano, mas, no caso do primeiro, ela é mais fugidia. Apenas pela rotina dos serviços e depois de várias campanhas, o soldado adquire essa coragem moral que o faz suportar, sem reclamar, os cansaços e as privações da guerra. Só a experiência o ensina a suprir o que falta. Ele se contenta com o que consegue, pois sabe que só se obtém o sucesso com coragem e perseverança. Napoleão tinha todo direito de dizer que a miséria e a necessidade são a melhor escola para o soldado, pois nada se comparou à privação do exército dos Alpes, quando ele assumiu o seu comando, como nada se comparava ao sucesso por ele obtido com esse exército na primeira campanha da Itália. As tropas que venceram em Montenotte, Lodi, Castiglione, Bassano, Arcole e Rivoli tinham, poucos meses antes, batalhões inteiros em farrapos, com muitas deserções por falta de provisões.

LIX

É muito bom Napoleão ter reconhecido a vantagem de se dar a cada soldado ferramentas para o trabalho em campo. Sua autoridade é a melhor resposta contra as zombarias ouvidas quando a ideia foi proposta. Um machado certamente incomoda o soldado de infantaria tanto quanto o sabre que ele carrega na cintura, e será bem mais útil. Os machados distribuídos por companhia e que em campanha eram carregados por alguns pobres coitados rapidamente se perdiam, tornando difícil, na hora de descansar, cortar lenha e montar cabanas. Com o machado se tornando peça integrante do equipamento do soldado, estará sempre com ele. Que a intenção seja a de acantonar num vilarejo ou de montar barracas num acampamento, um chefe de corpo logo se dá conta da vantagem dessa inovação.

Adotado o machado, sente-se também a necessidade de picaretas e pás em certas companhias, pois facilitam a abertura mais frequente de trincheiras, sobretudo em retiradas, quando se chega a uma boa posição. De fato, um campo bem entrincheirado não só ajuda um exército perseguido a se reunir, mas também o fortalece a ponto de pôr o inimigo em dúvida quanto ao ataque. Isso não só restabelece o ânimo do soldado, como dá a seu general novas possibilidades de retomar a ofensiva, aproveitando-se do primeiro movimento em falso do adversário. Sabe-se que Frederico, na campanha de 1761, cercado por exércitos russo e austríaco, com força quatro vezes maior que a sua, salvou sua tropa entrincheirando o acampamento de Buntzalvitz.

LX

Alguns autores modernos, no entanto, recomendam limitar a duração do serviço, para dar experiência militar a todos os jovens, geração após geração. Acreditam que assim o país possa ter as diversas faixas etárias preparadas e capazes de resistir com êxito a uma guerra de invasão. Creio, entretanto, que tal sistema levantará inúmeras objeções, por mais interessante que possa parecer à primeira vista.

Em primeiro lugar, cansado do serviço e da disciplina do quartel, o soldado não terá muita vontade de se reapresentar depois de dar baixa, ainda mais porque, tendo cumprido o tempo obrigatório, ele considera estar quite com seus deveres de cidadão. De volta à vida civil, ele se casa, inicia uma profissão, perde rapidamente o espírito militar e logo se sentirá afastado das coisas da guerra. O soldado que serve por muito tempo, pelo contrário, se prende a seu regimento como a uma nova família. Submete-se ao jugo da disciplina e se habitua às privações impostas por esse tipo de vida, que ele acaba achando agradável. São raros os oficiais que, tendo estado numa guerra, não viram a diferença existente entre os veteranos e os jovens soldados, no referente tanto à capacidade para suportar as fadigas de uma longa campanha, quanto à disposição para atacar com coragem e também saber se reagrupar depois de um combate em que o seu regimento foi rompido.

Montecuccoli observa que é preciso tempo para disciplinar um exército, mais ainda para treiná-lo e ainda mais para constituir tropas experientes. Ele por isso recomenda que se tenha em grande consideração o veterano, mantendo-o com cuidado e procurando sempre ter um bom número deles à disposição. Parece-me também que não basta aumentar o soldo em função do tempo de serviço do soldado, mas é essencial conceder uma marca de distinção que lhe assegure privilégios e o incentive a se manter alistado para que ele possa, na profissão, envelhecer com dignidade.

LXI

A opinião do comandante-chefe, expressada com energia, tem grande efeito moral no soldado.

Em 1703, no ataque de Hornbec, o marechal Villars, vendo suas tropas avançarem sem motivação, colocou-se em pessoa à frente e gritou: "Como? Será preciso que eu, marechal da França, seja o primeiro a escalar, quando dou ordem de atacar?"

Essas poucas palavras bastaram, fazendo oficiais e soldados se lançarem contra as muralhas e a cidade foi tomada quase sem perdas.

"Chega de recuar por hoje; vocês bem sabem que sempre durmo no campo de batalha!", disse Napoleão, percorrendo as fileiras no momento de retomar a ofensiva em Marengo. Essas poucas palavras reanimaram os soldados, fazendo com que eles esquecessem as fadigas de um dia em que quase todos já haviam combatido.

LXII

A reconhecida vantagem do bivaque é mais um motivo para que se acrescente utensílios de entrincheiramento no equipamento do soldado. Com ajuda do machado e da pá, ele se esconde com facilidade. Já vi cabanas serem erguidas com galhos de árvores e cobertas de grama, nas quais o soldado estava perfeitamente abrigado contra o frio e a umidade, mesmo na pior estação do ano.

LXIII

Montecuccoli muito bem observa que "os prisioneiros devem ser interrogados em separado, para que se verifique, pelas respostas, em que medida eles tentam nos induzir em erro". De maneira geral, o que se pede aos oficiais são informações sobre a força e os recursos do inimigo. Às vezes também sobre sua localização e posição. Frederico aconselhava que se ameaçasse de morte imediata os prisioneiros que tentassem enganar com depoimentos falsos.

LXIV

"Só se obtém vitória com esforços simultâneos, sustentados com constância, executados com decisão e dirigidos contra um mesmo ponto", disse o arquiduque

Carlos. Raramente ocorre que certo número de pessoas, buscando o mesmo objetivo, concorde perfeitamente quanto às maneiras de chegar a ele, e, se a autoridade de um só indivíduo não predominar, faltará conjunto na execução das operações e a meta proposta não será alcançada. Nem é preciso confirmar essa máxima com exemplos, a História está cheia deles.

O príncipe Eugênio e Marlborough nunca teriam tido o sucesso que tiveram nas campanhas que dirigiram juntos se a intriga e a divergência de opiniões não houvesse constantemente desorganizado os exércitos contra os quais eles lutavam.

LXV

O príncipe Eugênio dizia que os conselhos de guerra são úteis apenas quando se procura uma desculpa para nada tentar. Era também a opinião de Villars. Um comandante-chefe deve então evitar reunir um conselho em caso de dificuldade, limitando-se a consultar em separado seus generais mais experientes para ouvir suas opiniões, mas tomando sozinho a decisão, a partir do seu próprio juízo. É verdade que agindo assim ele se torna o único responsável pelas medidas que toma, mas tem a vantagem de agir por convicção pessoal e ter certeza de que o segredo das operações não será vazado, como em geral acontece a partir das discussões em conselho de guerra.

LXVI

O oficial que obedece, qualquer que seja a natureza ou o alcance do seu comando, terá sempre desculpa para seus erros, se tiver executado ordens que lhe foram dadas. Não é o caso do comandante-chefe, de quem depende a segurança do exército e o sucesso da campanha. O tempo todo ocupado em observar e pensar, é fácil imaginar que ele pouco a pouco adquira uma firmeza de opinião que lhe permita enxergar as coisas a partir de um ponto de vista mais claro e mais amplo que seus generais subalternos.

O marechal Villars, em suas campanhas, quase sempre decidia de forma contrária à opinião dos seus generais e quase sempre acertava. É verdade que um comandante que confia em seu talento para comandar deve seguir suas próprias inspirações, se quiser vencer.

LXVII

Na campanha de 1759, Frederico enviou o general Fink, com dezoito mil homens, à cidade de Maxen, para impedir o acesso do exército austríaco aos desfiladeiros da Boêmia. Cercado por efetivos duas vezes maiores, Fink capitulou após um combate bastante violento e quatorze mil homens depuseram as armas. Tal comportamento foi visto como ainda mais vergonhoso, uma vez que o general Winch, que comandava a cavalaria, havia conseguido abrir uma brecha no inimigo. Toda a responsabilidade da rendição caiu sobre Fink, que em seguida teve que se apresentar a uma corte marcial, perdeu suas insígnias militares e foi condenado a dois anos de prisão.

Na campanha da Itália de 1796, o general austríaco Provéra capitulou, à frente de dois mil homens no castelo de Cosseria. Depois disso, esse mesmo general capitulou, na batalha La Favorite, dispondo de um corpo de seis mil homens. É ainda mais difícil relembrar a vergonhosa defecção do general Mack por ocasião da capitulação de Ulm, em 1805, quando trinta mil austríacos entregaram suas armas, enquanto nas guerras da Revolução tantos generais abriram caminho diante do inimigo, apoiados apenas em alguns batalhões.

LXVIII

Os soldados quase sempre ignoram as intenções do seu chefe e não podem ser responsabilizados por seu comportamento. Se a ordem for de entregarem as armas, eles devem obedecer ou estarão infringindo as leis da disciplina, mais necessárias a um exército do que alguns milhares de homens. Parece-me então que em semelhantes casos apenas os chefes devam ser responsabilizados e sofram a pena por sua covardia. Não há exemplos de soldados não terem cumprido seu dever, numa situação desesperada, quando conduzidos por oficiais corajosos e decididos.

LXIX

É sempre possível se entregar como prisioneiro de guerra; só se deve, então, fazer isso em caso extremo. Permito-me citar o exemplo que ouvi, de testemunhas oculares, de uma rara obstinação na defesa. O capitão de granadeiros Dubreuil, do 37º regimento de infantaria, enviado em destacamento com sua companhia, teve a marcha interrompida por um grande número de cossacos que o cercaram por todos os lados. O capitão formou sua pequena tropa em quadrado, procurando apenas chegar a um bosque que havia a uma distância de alguns tiros do lugar em que estavam e acabaram por alcançá-lo sem que sofressem tantas baixas. No entanto, assim que os granadeiros se viram na iminência de um refúgio quase seguro, debandaram para se esconder no bosque, abandonando o capitão e um punhado de companheiros que não quiseram deixá-lo à mercê da cavalaria. Reagrupando-se no bosque e envergonhados com o que tinham feito, os granadeiros decidiram arrancar o capitão das mãos do inimigo se estivesse preso, ou resgatar seu cadáver se estivesse morto. Voltaram então a formar na beira do bosque e, abrindo passagem a golpes de baioneta no meio da cavalaria, chegaram até onde se encontrava o capitão que, com dezessete ferimentos, ainda resistia. Eles o cercaram e voltaram ao bosque com poucas perdas. Exemplos como este não foram raros nas guerras da Revolução e seria bom vê-los reunidos por nossos contemporâneos, para que os soldados saibam tudo o que se pode fazer na guerra, graças à energia e à determinação.

LXX

Entre os romanos, os generais só chegavam ao comando de um exército depois de exercerem diferentes funções na magistratura. Com esse conhecimento profissional anterior, eles podiam governar as províncias conquistadas com a sabedoria que se espera de um poder recentemente adquirido e sustentado por uma força discricionária.

Nas instituições militares dos tempos modernos, os generais, com instrução que se limita à estratégia e às táticas, são obrigados a confiar os serviços civis da guerra a funcionários que, sem pertencerem ao exército, tornam ainda mais intoleráveis certos abusos que quase inevitavelmente ocorrem.

Apenas repito essa observação, que me parece merecer maior atenção. Se em tempo de paz os generais fossem orientados para a diplomacia — empregados, por exemplo, nas diversas embaixadas que os soberanos enviam a tribunais estrangeiros —, tomariam conhecimento das leis e do governo de países com os quais eles eventualmente estarão em guerra mais tarde. Aprenderiam também a distinguir os pontos de interesse sobre os quais todos os tratados devem se fundamentar e que têm como objetivo o proveito final de qualquer campanha. Graças a essas informações, obteriam resultados mais positivos, tendo em suas mãos todo o leque de mecanismos da guerra. O príncipe Eugênio e o marechal Villars preenchiam com igual capacidade as funções de general e de negociador.

Quando um exército que ocupa uma região conquistada mantém a disciplina, há poucos exemplos de insurreição na população local, a menos que a resistência seja provocada (como é frequentemente o caso) por abusos de funcionários da administração civil.

É então a esse ponto que o comandante-chefe deve dirigir sua maior atenção, para que as contribuições impostas pelas necessidades do exército possam ser requisitadas com imparcialidade e, sobretudo, sejam aplicadas a seu verdadeiro objeto e não para enriquecer funcionários, como muitas vezes é o caso.

LXXI

Os ambiciosos que, por darem ouvidos apenas a seus interesses, armam os cidadãos uns contra os outros (a pretexto do bem público) são criminosos ainda piores. Por mais arbitrário que seja o governo, as instituições consolidadas pelo tempo são sempre preferíveis à guerra civil e à anarquia por ela criada para justificar seus crimes.

Ser fiel a seu soberano e respeitar o governo estabelecido são os primeiros princípios que devem distinguir o soldado e qualquer homem honrado.

LXXII

Na campanha de 1697, o príncipe Eugênio desviou o correio que lhe trazia ordens do imperador proibindo que corresse o risco de uma batalha que ele já havia preparado e que provavelmente seria decisiva. O príncipe considerou que cumpria seu dever eludindo as ordens do soberano e a vitória de Zanta, em que os turcos perderam cerca de trinta mil homens e quatro mil prisioneiros, recompensou sua audácia. Mesmo assim, apesar das imensas vantagens dessa batalha para as armas imperiais, Eugênio caiu em desgraça ao voltar a Viena.

Em 1793, o general Hoche, tendo recebido ordem de se deslocar para Treves com seu exército, exausto por marchas constantes numa região montanhosa e difícil, não obedeceu. Com razão ele observou que, para conquistar uma fortaleza que sequer tinha tanta importância estratégica, estaria expondo seu exército a uma provável ruína. Manteve então suas tropas no acampamento de inverno, preferindo a conservação do seu exército, do qual dependia o sucesso da futura campanha, em vez da sua segurança pessoal. Chamado a Paris, ele foi preso e só deixou o cárcere depois da queda de Robespierre.

Não me arrisco a dizer que tais exemplos devam ser imitados, mas me parece aconselhável que essa questão tão nova e tão importante seja discutida por homens capazes de bem avaliá-la.

LXXIII

Diz Montecuccoli: "A primeira qualidade de um comandante-chefe está no grande conhecimento que ele tem da arte da guerra. Isso não vem intuitivamente, mas se adquire com a experiência. Ninguém nasce comandante, é preciso se tornar comandante. Não se deixar perturbar, estar sempre aberto, evitar qualquer confusão em seu comando, nunca exteriorizar seus humores, distribuir ordens em plena batalha com todo sangue-frio e parecendo perfeitamente à vontade. São pormenores que comprovam o valor de um general.

"Encorajar os tímidos, aumentar o pequeno número de bravos, reavivar o ânimo das tropas em combate, reagrupar as que foram rompidas, fazer com que voltem à carga aquelas que foram repelidas, encontrar recursos na dificuldade e mesmo em caso de catástrofe; dispor-se, enfim, à perdição se for para o bem do Estado. São as ações que distinguem um eminente homem de guerra."

A essa listagem pode-se acrescentar o talento em identificar e empregar cada homem no lugar específico para o qual a natureza o qualificou. Nesse sentido, disse o marechal Villars: "Sempre me esforcei em observar jovens generais. Um tinha a audácia ideal para conduzir uma coluna ao ataque. Outro parecia naturalmente prudente, sem no entanto deixar de ser corajoso, podendo ser muito útil na defesa de uma região." Somente com a boa aplicação dessas qualidades pessoais a determinados objetivos é possível comandar com sucesso numa guerra.

LXXIV

Antigamente, a missão dos chefes de estado-maior se limitava aos preparativos necessários para a execução do plano de campanha e das operações decididas pelo comandante-chefe. Na batalha, sua função era apenas a de dirigir as movimentações e controlar a execução. Nas últimas guerras, porém, os oficiais de estado-maior foram frequentemente encarregados do comando de uma coluna de ataque ou de grandes destacamentos, quando o comandante-chefe temia revelar o segredo dos seus planos para a transmissão de ordens e de instruções. Grandes progressos resultaram dessa inovação por tanto tempo adiada, pois, assim fazendo, oficiais puderam aperfeiçoar a teoria com a prática e conquistaram também a estima dos soldados e de oficiais subalternos de campo, que muitas vezes se mostravam reticentes com relação a seus superiores que nunca eram vistos nas fileiras. Os generais que ocuparam a difícil posição de chefe de estado-maior durante as guerras da Revolução, quase todos tinham passado pelos diferentes serviços da profissão.

O marechal Berthier, que tão brilhantemente ocupou o posto de chefe de estado-maior de Napoleão, tinha as qualidades mais essenciais para isso: era calmo e inteligente, com excelente julgamento e comprovada experiência. Havia servido como militar por meio século, em guerras pelos quatro cantos do mundo; ele abriu e terminou trinta e duas campanhas. Quando menino, por influência do pai, que era cartógrafo da arma de engenharia, desenvolveu o gosto pelos mapas, traçando-os com exatidão, além de outras qualificações úteis para um oficial de estado-maior. Aceito pelo príncipe Lambesq em seu regimento de dragões, ele se tornou hábil cavaleiro, sabendo usar a espada, qualidades tão necessárias ao soldado. Nomeado mais tarde para o estado-maior do conde de Rochambeau, participou pela primeira vez de uma campanha na América, logo se distinguindo por seu valor, energia e talento. Chegando afinal a um posto superior no corpo de estado-maior formado pelo marechal de Ségur, ele visitou os acampamentos do rei da Prússia e preencheu as funções de chefe de estado-maior sob o barão de Bezenval.

Por dezenove anos e dezesseis campanhas, a história da vida do marechal Berthier coincide com a das guerras de Napoleão, das quais ele dirigiu todos os detalhes, tanto no gabinete quanto no terreno. Alheio às intrigas da política, trabalhava infatigavelmente, percebendo rapidamente e com finura a situação geral e dando em seguida as ordens necessárias, com prudência, perspicácia e concisão. Discreto, impenetrável e modesto, era justo, exato e até severo com tudo o que se referia ao trabalho, dando sempre, pessoalmente, exemplo de vigilância e zelo. Com isso, soube manter a disciplina e fazer sua autoridade ser respeitada por todos os seus subordinados.

LXXV

Depois de reconhecer o interesse de confiar o fornecimento dos materiais de guerra a determinada arma, é incrível que não se tenha feito o mesmo com relação às provisões e forragens, em vez de deixá-la nas mãos de um órgão externo, como se fez até bem recentemente.

Os estabelecimentos civis ligados às forças armadas quase sempre são criados no início de uma guerra, por homens não familiarizados com as leis da disciplina, que eles, aliás, frequentemente preferem continuar ignorando. São indivíduos não muito apreciados pelos militares, pois ali estão apenas para enriquecimento próprio, por qualquer meio. Não podendo participar da glória de um exército, mesmo que parte do sucesso militar na guerra dependa da eficiência com que se fez o abastecimento, esses fornecedores se pautam apenas por seus interesses particulares. As desordens e os desfalques certamente desapareceriam se o fornecimento fosse confiado a homens que estiveram no exército e que, como recompensa pelos serviços prestados, pudessem também participar da glória de seus irmãos de farda.

LXXVI

Antigamente, as equipes que saíam em busca de alimentos eram formadas por pequenos destacamentos, em geral confiados a jovens militares que, a partir disso, se tornavam depois bons oficiais de frente. Agora o exército recebe suas provisões por contribuições regulares e apenas numa guerra de guerrilha se pode adquirir a experiência necessária para ocupar esse posto com sucesso.

Um chefe de guerrilha é, de certa maneira, independente do exército, sem dele receber víveres nem soldo. Só muito raramente é socorrido e se vê por conta dos próprios expedientes ao longo de toda a campanha.

Com tais responsabilidades, é preciso que ele reúna habilidade e coragem, audácia e discrição, se quiser obter alguma pilhagem sem colocar em confronto com forças superiores o seu pequeno grupo. Sempre ameaçado, sempre cercado de perigos que deve prever e superar, um chefe de guerrilha em pouco tempo adquire uma experiência com relação a detalhes da guerra que um oficial da linha de batalha raramente consegue, já que está quase sempre sob o mando de uma autoridade superior que dirige o conjunto dos seus movimentos, enquanto a malícia e o talento do guerrilheiro se consolida por ele depender apenas dos seus próprios recursos.

LXXVII

"Somente uma longa experiência e o estudo intenso formam um grande capitão", disse o arquiduque Carlos, e acrescentou: "A experiência pessoal não basta, pois que vida seria rica o bastante em acontecimentos para tornar universal o conhecimento?" É então somando ao saber pessoal a experiência de outros, avaliando as descobertas dos predecessores e tomando como padrão as grandes façanhas militares e os seus resultados políticos, abundantes na história da guerra, que alguém se torna um grande comandante.

LXXVIII

Foi para tornar mais fácil esse objetivo que organizei as presentes notas. Depois de ler e meditar sobre a história da guerra moderna, procurei ilustrar, dando exemplos, como as máximas de um grande capitão podem muitas vezes ser aplicadas a tal leitura. Espero ter cumprido meu projeto!

SOBRE O AUTOR

Napoleão Bonaparte nasceu em 1769 na região da Córsega, na França, de uma família da pequena nobreza italiana. Em 1784, ingressou na Escola Real Militar de Paris e, aos 16 anos, já era subtenente de artilharia. Foi destaque na Revolução Francesa, quando ganhou muito prestígio e ascendeu na hierarquia militar. Em 1799, diante do cenário de insatisfação com o governo, deu o Golpe de 18 Brumário e foi declarado cônsul. Em 1804, tornou-se imperador, e, sob seu comando, a França se envolveu em uma série de conflitos com todas as grandes potências europeias, que ficaram conhecidos como Guerras Napoleônicas. Em 1814, o monarca foi obrigado a abdicar do trono francês por forças militares de vários países, que o exilaram na ilha de Elba, no mar Mediterrâneo. No ano seguinte, Napoleão conseguiu fugir da ilha e retornou a Paris, reassumindo o poder por cem dias. Entretanto, seu exército foi definitivamente derrotado na Batalha de Waterloo. Napoleão foi preso e enviado para a ilha de Santa Helena, uma colônia inglesa localizada no sul do Atlântico. O estadista faleceu no exílio, em 1821.

DIREÇÃO EDITORIAL
Daniele Cajueiro

EDITORA RESPONSÁVEL
Ana Carla Sousa

PRODUÇÃO EDITORIAL
Adriana Torres
Laiane Flores
Adriano Barros

REVISÃO DE TRADUÇÃO
Sofia Soter

REVISÃO
Letícia Côrtes

PROJETO GRÁFICO
Rafael Nobre

DIAGRAMAÇÃO
Futura

Este livro foi impresso em 2021
para a Nova Fronteira.